Ulrich
Nexus

# Leichter Schreiben

# in

# Deutschland

In
56 Schritten
&
56 Übungen
zum
ersten
eigenen
Buch

4. umfangreich erweiterte Auflage 2015

Herstellung und Verlag:
BoD - Books on Demand, Norderstedt
ISBN 978-3-7347-9474-2

# Inhalt

# Inhalt

# Vorwort

Der US-Schriftsteller James Frey schreibt in seinem Ratgeber: "Es ist nicht ungewöhnlich, dass ein amerikanischer Romanautor mehr verdient, wenn er seine Manuskripte nach Europa oder Japan verkauft, als in den Vereinigten Staaten."

Das ist für einen Europäer zutiefst beschämend und sollte Ansporn sein, selbst einen guten Roman zu schreiben. Aber wie macht man das, einen guten Roman schreiben? Ist das nicht ungeheuer schwierig? Muss man nicht eine richtige Ausbildung dafür haben?

Wenn man in der Geschichte zurückblickt, waren es gerade die Menschen, die mit Hingabe und Leidenschaft etwas erreicht haben auch ohne eine dafür benötigte Ausbildung. So hat Charles Darwin, der niemals Biologie studierte, die Evolutionstheorie begründet. Heinrich Schliemann war Kaufmann und doch gehen auf sein Konto sehr bedeutende archäologische Funde. Wenn Sie also ein klares Ziel vor Augen haben, dann legen Sie los. Das gilt gerade auch für das Schreiben. Und das Schreiben lernt man beim Schreiben wie man Tauchen beim Tauchen und Drachenfliegen beim Drachenfliegen lernt.

Alles wäre so einfach, wenn es Sie nicht gäbe: die Leser ihres Manuskriptes. Aber lassen Sie sich nicht entmutigen. Seien Sie schöpferisch und schreiben Sie das, was in ihnen steckt, nieder, bevor das "Nein" die Oberhand gewinnt. Denn das "Nein" frisst bevorzugt das "Ja", heißt es. Ignorieren Sie die vielen "Wenn-jeder"-Kommentare und "Ja-aber"-Sätze der anderen.

Gegenüber konstruktiver Kritik sollten Sie jedoch immer offen sein. Es gibt nichts, was man nicht besser machen könnte. Das gilt auch für ihren Roman.

Verspüren Sie in sich das Bedürfnis, etwas sagen zu wollen, das nicht nur ihre Freunde und Familie interessiert? Ja! Dann legen Sie los. Lassen Sie sich nicht aufhalten!

Trotzen Sie den Kommentatoren, die es nie zu einem eigenen Buch gebracht haben.

Fangen Sie wie beim Hausbau mit einem Entwurf an. Er kann ruhig grob sein. Dann zögern Sie nicht. Beginnen Sie zu schreiben. Mit der ersten Seite müssen Sie nicht anfangen. Es kann auch irgendeine Episode mittendrin in ihrer Geschichte sein, denn ein Roman ist eine Ansammlung von Geschichtchen, Beschreibungen, Episoden, Gedanken, Dialogen usw., die von ihrem roten Faden zusammen gehalten werden.

Ihre jetzt gegründete Romanmanufaktur ist stets mit der Herstellung von Text beschäftigt. Schnell werden Sie merken, dass das Schreiben von Mal zu Mal besser funktioniert. Die inneren Bilder werden zunehmend klarer und damit auch ihr Schreibstil.

Und recht bald werden Sie feststellen, welche große Freude das Schreiben bereitet. Und noch etwas Aufmunterndes: Zu keinem früheren Zeitpunkt war es besser, einen Roman zu schreiben.

Und die deutsche Sprache ist wie keine andere dazu geeignet, zu schreiben. Davon sind nicht nur Reich Ranicki, Galsan Tschinag und Ilija Trojanow fest überzeugt. Kein anderes Buch kann ihnen so kraftvoll, hilfreich und mutmachend zur Seite stehen wie dieses.

Davon ist der Autor fest überzeugt.

Was hindert Sie also daran, einen Stift oder eine Tastatur in die Hand zu nehmen und loszulegen? Jeder noch so lange Text beginnt mit nur einem Satz.

## Regel 1 Schreibe und verlier' keine Zeit

Sie wollen etwas schreiben? Dann haben Sie vermutlich schon irgendeine Story in ihrem Kopf. Wenn Sie die schwere Arbeit, eine Kurzgeschichte oder ein ganzes Buch zu schreiben, nicht schreckt, dann fangen Sie an, ihre Story zu entwerfen und zu durchdenken.

Gute Romane benötigen greifbare, lebendige Charaktere, eine mitreißende Handlung und einen glaubhaften Konflikt.

Nehmen Sie sich Zeit, den Handlungsablauf, die handelnden Personen und die Orte, an denen diese handeln, gedanklich zu strukturieren. Dieser Zustand ist einer Schwangerschaft nicht unähnlich.

Machen Sie sich in dieser Zeit ständig Notizen. Führen Sie daher stets einen Stift und einen kleinen Notizblock, etwa in der Größe DIN-A6, mit sich. Diese Utensilien sollten auch nachts neben ihrem Bett liegen. Träumen und Tagträumen Sie munter drauf los.

Erst wenn der Zustand dieser Schwangerschaft unerträglich wird, wenn Sie übervoll sind mit Worten, fangen Sie an, ihren Text in einen Computer zu tippen.

Schreiben Sie alles herunter, was Sie notiert und grob strukturiert haben und was ihnen beim Tippen einfällt. Schalten Sie dazu die automatische Rechtschreibprüfung aus. Das lenkt zu diesem Zeitpunkt der Arbeit nur ab und stört den Schreibfluss.

### ÜBUNG 1A

Nehmen Sie ihr wertvolles Notizbuch zur Hand und hören Sie sich ein Hörspiel, vielleicht ein Kriminalhörspiel, an. Machen Sie sich dabei kurze Notizen. Schreiben Sie direkt im Anschluss an das Hörspiel die gehörte Story in kurzen Sätzen so auf, wie es ihre Notizen wiedergeben. Achten Sie besonders darauf, die Reihenfolge der Handlungen und Dialoge exakt wiederzugeben. Hätten Sie eine andere Reihenfolge bevorzugt? Wie wurde die Spannung erzeugt? Sind die handelnden Personen und die Orte der Handlung gut vorstellbar.

Diese Übung dient dazu, die Methoden anderer Autoren zu begreifen.

### ÜBUNG 1B

Ist Ihre Story noch diffus und unausgegoren? Dann fehlt ihr die nötige Struktur. Modulare Blasen oder kurz Moblas sind ein tolles Verfahren, ihre Story zu entwerfen. Setzen Sie darin das in den Mittelpunkt, was dort hingehört: ihre Protagonisten (das sind ihre handelnden Figuren). Dann beginnen Sie, diese zu beschreiben, ihre Ziele und Historie, ihre Probleme und Beziehungen zueinander und deren Reise durch ihre Handlung. Wie leicht man mit Moblas arbeitet erfahren Sie weiter hinten bei Regel 23.

## Regel 2 Die Sprache

Gesprochene Sprache ist immer etwas Lebendiges. Sprache, die man niederschreibt, verliert jedoch an Lebendigkeit, da die Kondensation von Sprache zu geschriebenen Sätzen einem Phasenübergang gleichkommt. Trotzdem wird der Text einer guten Story von der Lebendigkeit der Sprache wie ein Strahlenkranz umhüllt.

Der mehrsprachige Autor Ilija Trojanow sagt, dass die deutsche Sprache so vielseitig ist wie keine andere. Und das Verhältnis eines Autors zu seiner Sprache hat Ähnlichkeit mit einer Ehe. Ständig entdeckt man Neues.

Auch Reich Ranicki hält die deutsche Sprache wie kaum eine andere für besonders gut geeignet, um literarisch zu schreiben. Wer wollte ihm da widersprechen?

Übrigens: Schreiben Sie für die, die ihre Sprache sprechen, bestenfalls für den europäischen Kulturraum, aber machen Sie sich keine Illusionen, dass Nordamerika Interesse an europäischer Literatur hat. Selbst deutschen Verlagen, die in den USA eine Dependance haben, gelingt es nur äußerst selten, einen ihrer europäischen Bestseller im amerikanischen Markt zu positionieren.

Der Weg ist ausschließlich anders herum. Woran liegt das? Sind die Nordamerikaner bessere Schreiber?

Schaut man sich die Unterschiede näher an, stellt man schnell fest, dass es in Nordamerika eine Vielzahl an Schreibkursen gibt und das Creative Writing fester

Bestandteil vieler Schulen und Universitäten ist. Das ist in den deutschsprachigen Ländern leider nicht so, obwohl es eine große Leserschaft gibt. Der US-Amerikaner James Frey schreibt in seinem Literatur-Ratgeber: "Es ist nicht ungewöhnlich, dass ein amerikanischer Romanautor mehr verdient, wenn er seine Manuskripte nach Europa oder Japan verkauft, als in den Vereinigten Staaten."

Das sollte Ansporn sein, selbst einen guten Roman für den europäischen Markt zu schreiben. Europas Wirtschaft konnte sich behaupten. Durch ihre kreative Mitwirkung, durch ihre Bücher, die Sie ab jetzt schreiben werden, gelingt es der europäischen Literatur vielleicht auch. Und eine Bereicherung ist es allemal.

ÜBUNG 2A

Lesen Sie alles, was Sie selbst schreiben, laut vor. Dabei wird schnell deutlich, ob der Text noch Reste von Lebendigkeit des Ursprungs enthält oder bereits sehr künstlich oder gestelzt klingt. Idealerweise enthalten die niedergeschrieben Worte die Lebendigkeit der gesprochenen Sprache.

Denken Sie immer daran: Die deutsche Sprache gehört dem Volk. Also bemächtigen Sie sich ihrer.

ÜBUNG 2B

Nehmen Sie sich eines ihrer Lieblingsbücher vor und wählen Sie daraus ein mittleres Kapitel. Lesen Sie es durch und kreuzen Sie die Stellen an, die ihnen besonders gefallen oder die Sie auch so geschrieben hätten. Später tippen oder diktieren Sie diese Sätze oder Absätze in ihren Computer. Dann verdoppeln Sie diese so, dass immer zwei gleiche Sätze oder Absätze untereinander zu stehen kommen. Jetzt lassen Sie den jeweils oberen Satz oder Absatz unverändert stehen und versuchen Sie die darunter stehende Kopie abzuändern, zu vereinfachen oder verständlicher zu machen. Pfropfen Sie also ihren Schreibstil auf diese Sätze oder Absätze auf. Sie werden schnell feststellen, wie vergnüglich so etwas ist und gleichzeitig ihren Schreibfluss aktiviert. Solche Übungen sind für ihre Schreibarbeit so etwas wie Eisbrecher.

ÜBUNG 2C

Nehmen Sie sich ein für Sie geringwertiges Buch (oder Heftroman) in die Hand, das Sie ganz gelesen haben sollten, und wählen Sie fünf Seiten des letzten Kapitels. Lesen Sie diese durch und markieren Sie die Sätze, die ihnen überhaupt nicht gefallen. Schreiben Sie diese wie in Übung 2b beschrieben ab, verdoppeln Sie diese und arbeiten Sie mit der Kopie. Schnell werden Sie feststellen, wie Sie schreiben, wie Sie formulieren und wie Sie anordnen. Geben Sie bei passender Gelegenheit ihrem Partner oder Freunden beide Versionen zu lesen.

Diese Übung kann man auch während ihres Buchprojektes immer wieder durchführen. Besonders hilfreich ist sie dann, wenn sie mal in ihrem eigenen Text fest hängen und nach Lösungen suchen.

Spruch 2

*Meine Heimat ist die deutsche Sprache.*

*Reich Ranicki*

### Regel 3 Geschriebene Worte

Die niedergeschriebenen Worte haben gegenüber der Lebendigkeit der Sprache einige Vorteile: Sie können je nach Belieben neu angeordnet, verändert, gestrichen oder erweitert werden. Dem Leser wird dies zu keinem Zeitpunkt auffallen, wenn Sie es gut machen und den Fluss des Textes aufrechterhalten. So kann man monatelang an Dialogen arbeiten, die vielleicht in der Handlung nur wenige Minuten dauern. Denken Sie daran, dass auch Filmemacher bestimmte Szenen schier endlos wiederholen, bis genau die Version "im Kasten" ist, die ihnen vorschwebte.

Bestimmt jeder kennt die folgende Situation: Sie werden in ein intensives Gespräch verwickelt. Man erwartet von ihnen passende Antworten, es wollen ihnen aber einfach keine einfallen. Erst Stunden nach dem Gespräch könnten Sie die treffenden Antworten liefern. Dann ist es aber zu spät. Das Problem haben Sie als Autor nicht. Sie können immer wieder ihre Dialoge hervorziehen und daran arbeiten. So wird ihr Text beständig besser.

Also schreiben Sie und verlieren Sie keine Zeit. Haben Sie Mut und vertrauen Sie dem, was aus ihnen kommt.

Es muss nicht unbedingt ein Roman sein. Wie wäre es zunächst mit einer Kurzgeschichte als Zwischenetappe. Der Film "Die Fliege" basiert übrigens auf einer Kurzgeschichte und ist nur ein Beispiel von vielen. Was immer Sie vorhaben, schreiben Sie zuerst den ganzen Entwurf herunter. Das werden zunächst nur wenige Seiten sein. Bekommt er Gestalt, wird es ihnen leichter fallen, die Einzelheiten zu beschreiben und die Story nach und nach zu erweitern und zu verbessern.

Zahlreiche Autoren arbeiten mit Zettelkästchen, andere mit großformatigen Blättern, die Sie an die Wand ihres Arbeitszimmers hängen. Beginnen Sie nun damit, ihren Weg zu finden, den Roman und seine Kapitel in Gänze darzustellen.

ÜBUNG 3A

Nehmen Sie sich Michael Endes Kinderbuch "Jim Knopf und Lukas, der Lokomotivführer" vor. Erzählen Sie eine Szene des Buches aus Sicht der Lokomotive. Dies ist eine Lockerungsübung und hilft ihnen, unverkrampfter an die Arbeit zu gehen. Die Übung sollte eine halbe DIN-A4-Seite nicht überschreiten. Sie können auch ein anderes Buch ihrer Wahl nehmen.

ÜBUNG 3B

Laden Sie eine Diskussion in einem Radio- oder Fernsehsender als MP3-File herunter (Podcast). Schreiben Sie die Diskussion nieder. Wenn möglich laden Sie gleich den Text aus dem Internet herunter.

Sender wie DLR, WDR, BR, SR und DLF sind hier zu empfehlen. Dann ersetzen Sie einige der Diskussionsteilnehmer durch ihre eigenen Romanfiguren und beginnen Sie, das Gesagte neu zu schreiben. Da ihre Figuren anders reagieren, andere Inhalte und Schwerpunkte liefern, entsteht etwas Neues. Vergleichen Sie dann beide Diskussionen miteinander.

Wo sind die größten Unterschiede feststellbar? Diese Übung ist nicht einfach und verlangt eine Menge Disziplin. Sie können sie auch nach der Regel 12 bearbeiten, wenn Sie sich jetzt noch nicht in der Lage dazu sehen.

### Regel 4 Angemessene Sprache

Im Leben ist es sehr wichtig, stets den richtigen Ton zu treffen. Dies gilt umso mehr für die nieder geschriebene Sprache. In ihrem Text sollte sie der Handlung, den Beschreibungen, den Personen, den Gefühlen und den Dialogen angemessen sein. Ein Totschläger mit einer gestelzten Sprache ist nicht authentisch, es sei den, genau das hat eine höhere Bedeutung in ihrem Buch.

Ein Lufthansa-Kapitän, der leicht aus der Haut fährt und eine üble Sprache verwendet, dessen Sprache ist nicht angemessen.

Bestimmte Begriffe sind gesellschaftlich oder politisch aufgeladen. Diese sollten nur mit großer Umsicht eingesetzt werden.

ÜBUNG 4

Beschreiben Sie, wie sich eine Prostituierte und eine ehemalige Deutsch-Lehrerin, die im Ruhestand ist, nach einem Autounfall unterhalten. Um es interessant zu machen, rammte die Lehrerin beim Ausparken in die Beifahrertür der Prostituierten. Fangen Sie an mit:

*Das kreischende Geräusch von Metall auf Metall, das gerade noch von außen zu hören war, wurde nun von einem wilden Klopfen und Hämmern einer Faust ersetzt, die pausenlos an das Fenster der Fahrertür schlug. ...*

### Regel 5 Warum schreiben?

„Schreiben braucht einen gewissen Grad an Selbstbeobachtung, Einsamkeit und Ruhe", sagte schon Dan Brown. Sie sollten sich daher bestimmte Zeiten am Tag für ihre neue Tätigkeit freimachen. Dan Brown, Charles Handy und andere bekannte Autoren schreiben z.B. morgens ab 5 Uhr.

Was treibt Menschen dazu, literarisch zu schreiben? Meines Erachtens können vier Gründe genannt werden, einen Roman zu schreiben:

1.) aus dem tiefen Wunsch heraus, sich und seine Mitmenschen besser zu verstehen.

2.) aus dem tiefen Wunsch heraus, die Tiefe der Sprache auszuloten.

3.) aus dem tiefen Wunsch heraus, sich woanders hineinzuschreiben und so das eigene Fernweh zu heilen. Gemeint sind damit Reisen in andere Landschaften, an andere Orte oder aber auch in eine eigene Fantasiewelt. So können Sie, wenn es in ihrem Manuskript Sinn macht, einen Dialog mit einem Astronauten auf der Erdumlaufbahn führen, einen Medizinmann durch die Regenwälder auf Papua-Neuguinea begleiten, eine Kommissarin in der Unterwelt von Bottrop agieren lassen, mit König Ludwig zur Jagd gehen, erfolgreich bei einer Frankfurter Bank einbrechen, auf den Müllbergen Istanbuls nach Lebensmitteln suchen, eine komplizierte Herzoperation durchführen oder mit einem Tauchboot den Mariannengraben durchqueren. Wo hat man schon so viel Freiheit?

4.) aus dem tiefen Wunsch heraus, die Welt ändern, verbessern, gerechter machen zu wollen. Diese poetische Gerechtigkeit ist die vielleicht einzige Art der Gerechtigkeit überhaupt.

Bevor Sie mit den Schreiben beginnen, sollten Sie ihre Richtung kennen. Was wollen Sie mit ihrem Text sagen? Wo wollen Sie hin?

Wenn Sie ein Manuskript erstellen, so nennt man übrigens einen noch nicht veröffentlichten Roman, sollten Sie wissen, dass zahlreiche Monate oder Jahre harter Arbeit vor ihnen liegen. Daher sollten Sie von ihrem Vorhaben unbedingt felsenfest überzeugt sein.

Vielleicht hilft ihnen folgendes Gedankenexperiment: Denken Sie an einen Baum. Er braucht einen guten Grund, um sich zu opfern und so das Papier zu liefern, dass ihr Buch braucht.

Ihr Buch sollte also die Welt bereichern und den Menschen etwas geben, etwas, das wertvoller ist als dieser Baum.

ÜBUNG 5

Schreiben Sie eine halbe DIN-A4-Seite zum Thema Selbstaufgabe, Aufopferung und Heldentod. Das kann etwas sein, das Sie in ihrem Leben schon erlebt haben, etwas Erfundenes oder etwas, dass man ihnen erzählt hat.

## Regel 6 Bedeutungen des Schreibens

Schreiben hat immer autobiographische Züge und dadurch auch therapeutische Wirkung. Das hängt damit zusammen, dass das Geschriebene ein Produkt ihres Selbst ist. Der Text bleibt stets untrennbar mit ihnen verwoben, denn es ist ein Produkt ihres schöpferischen Denkens, ihrer Kenntnisse und ihrer Erfahrungen. Somit ist der Text ein Teil von ihnen, denn jeder Autor schaut durch ein Kaleidoskop an Wissen und Erkenntnis, über das nur er verfügt.

Die Welt, die Sie beim Schreiben erschaffen, entschädigt Sie für vieles, was die reale Welt ihnen vielleicht nicht gibt. Darüber hinaus erweitert es ihre Sinne und bereichert ihr Leben wie kaum eine andere Kunst.

Sie werden feststellen, wie Sie zunehmend ihre Freizeit dem Schreiben opfern. Aber wo sonst haben Sie so viel Freiheit?

SPRUCH 6

*Das ist im Grunde der einzige Mut, den man von uns verlangt: mutig zu sein zu dem Seltsamen, Wunderlichsten und Unaufklärbarsten, das uns begegnen kann.*

*Rainer Maria Rilke*

### Regel 7 Innere Entwicklung

Entwickeln Sie, während Sie schreiben, die inneren Krieger, Heiler, Seher und Lehrer in ihnen. Was bedeutet das für ihr Buch?

Nichts weiter als das Sie zunächst ihre Figuren den folgenden, idealisierten Eigenschaftsgruppen zuordnen. Haben Sie dies getan und setzen Sie diese Zuordnung in ihrem Text konsequent um, bekommen ihre Personen Tiefe und Weite, werden dreidimensional, werden greifbar und begreifbar. Der Leser beginnt, sich in Sie hinein zu versetzen.

Ein *Krieger* ist kraftvoll präsent, er bezieht Stellung, verlässt den Schützengraben, stellt sich seinen Ängsten und seinen Gegnern.

Ein *Heiler* versucht achtsam zu vermitteln. Er arbeitet mit der Liebe zum Leben, spricht die Wahrheit, ist Hingabe, ist Zuwendung.

Ein *Seher* versucht die Zukunft aus der Gegenwart heraus zu entwickeln. Seine Visionen bedürfen eines bestimmten Ortes.

Ein *Lehrer* erklärt und ordnet allem einen Platz zu. Für neue Erkenntnisse ist er offen. Der richtige Zeit-

punkt spielt für ihn eine zentrale Rolle.
Ihre stärksten Charaktere werden alle Eigenschaftsgruppen bedienen (weiter vertiefend in Regel 24).

ÜBUNG 7

Malen Sie ein großes X auf ein DIN-A3-Blatt.
Schreiben Sie die vier Leitmotive in die entstandenen
Dreiecke. Der Krieger kommt in den Norden, der
Heiler in den Süden, der Seher in den Osten und der
Lehrer in den Westen. Jetzt ordnen Sie ihren Figuren
eine bestimmte Farbe zu. Dann gehen Sie mit ihrem
Farbstift vom Kreuzungspunkt in alle vier Richtungen. Die Länge der Linie stellt die Stärke dieser Ei-
genschaft dar, die ihre Figur mitbringt.
Sind also bestimmte Eigenschaften stark ausgeprägt,
wird dies durch lange Linien symbolisiert. Schnell
werden Sie feststellen, dass ihre handelnden Personen
in allen Feldern etwas zu bieten haben, in einigen
mehr, in anderen weniger.

**Regel 8 Den Rhythmus finden**

Ihr Text braucht einen Erzählrhythmus. Was das ist?
Lesen Sie ihren Text sich selbst oder anderen vor.
Wenn man der Geschichte folgen kann, wenn er einem Fluss gleicht, dem sich der Leser anvertraut,
dann wird er gerne sein kleines Bötchen darin treiben
lassen und ihrer Story folgen. Damit haben Sie nicht
einen x-beliebigen, sondern ihren eigenen Erzählrhythmus gefunden.

Ist dieser erst einmal im Fluss, fügt sich alles andere ganz natürlich hinein.

Ein Buch kann man nur Satz für Satz schreiben. Niemals geht es schneller. Dass in ihrem persönlichen Erzählfluss auch tosend-donnernde Stromschnellen vorkommen, darf der Leser mit Recht erwarten. Dabei nimmt der Fluss etliche Höhenmeter in sehr kurzer Zeit, nur um dann noch kräftiger seinem weiteren Lauf zu folgen. An einigen Stellen gibt es sicherlich sanfte Ufer. Hier kann man einige Zeit verweilen. Das macht den Roman breiter.

Ihr Roman sollte also fließen wie ein Fluss. Er sollte nicht den Bach runtergehen. Das kann leicht passieren, wenn Sie die Regeln in diesem Buch nicht beachten.

## Regel 9 Fragen stellen

Die Fragen sind es, aus denen das, was bleibt, entsteht. Also stellen Sie Fragen, auch wenn sie schwierig, schmerzhaft oder nahe liegend sind. Oft sind die Antworten weniger schwierig, schmerzhaft oder nahe liegend. Warum muss meine Geschichte unbedingt in Curaçao spielen?

Wie würde meine Figur reagieren, wenn man ihr alles wegnimmt?

Kann man meine Geschichte von einer anderen als der zentralen Figur erzählt werden?

Gibt es eine dunkle Seite bei meinem Kommissar? Warum hängt meine Hauptdarstellerin so sehr an diesem behinderten Hundchen?

Ist das gewählte Jahrhundert oder Jahrzehnt ideal für meine Figuren und meinen Plot?

Himmelschreiende Ungerechtigkeit ist eine stets sprudelnde Quelle und treibende Kraft ihrer Protagonisten. Lassen Sie daher ihre Figuren fragen stellen. Der Leser tut dies ohnehin. Schreiben Sie Fragen auf Zettel und hängen Sie diese über ihren Schreibtisch.

Das können Fragen sein wie: Warum tötet mein Hauptdarsteller gleich zu Anfang seinen Bruder, der ihm stets half? Wie lange kann sie noch diese Demütigungen ihres Ehemanns ertragen, für den sie doch zuvor alles aufgab?

Nicht alle Fragen, die Sie im Laufe ihrer Geschichte aufwerfen, müssen am Ende beantwortet werden, wohl aber die entscheidenden, die zielführenden, sonst ist der Leser enttäuscht.

Die offenen Fragen ihrer Geschichte sind Futter für die Fantasie ihrer Leser.

Und vielleicht ergibt sich ja im Anschluss-Roman die Möglichkeit, genau diese aufzugreifen und weiter auszuführen.

## Regel 10 Zeigen und sichtbar machen

Schreiben kann man als eine Art Suggestionskunst bezeichnen, die Bilder beim Leser entstehen lassen. Es ist nicht nur Kopfkino, wie dies oft zu lesen ist. Ein Buch regt nämlich alle Gefühle und alle Sinne an und ist somit dem Kinoerlebnis überlegen.

Eine wichtige Grundregel beim Schreiben ist das Zeigen, nicht das Verraten. Wenn ihnen jemand erzählt, der neue Chef wäre geizig und spröde, ist das eine Sache, aber wenn sie es selbst erleben dürfen, wie er seinen Geiz unter Beweis stellt, hat das ein ganz anderes Gewicht. Sie wissen es jetzt aus erster Hand. Sie waren dabei. Lassen Sie also auch ihre Leser "dabei sein"!

Entmündigen Sie den Leser nicht durch ihre Bewertung. Erlebt er jedoch die Ereignisse durch ihren Blickwinkel und damit durch den Blickwinkel ihrer Figuren, geben Sie ihm die Möglichkeit, ihre Welt und ihre Protagonisten selbst zu erkennen und einzuschätzen.

Deuten Sie auf ganz bestimmte Dinge hin. Diese inneren Bilder verfügen über ein großes Potential und verdichten die atmosphärische Spannung.

Nach Oscar Wilde ist das wahre Geheimnis der Welt das Sichtbare, nicht das Unsichtbare. Also zeigen Sie auf das Sichtbare.

An dem folgenden Beispiel wird dies deutlich:

**Verraten:** *Den kurzen Weg zu seinem Bruder fuhr Jonathan immer mit dem Auto. Dies tat er selbst an den schönsten Sommertagen, denn er hatte panische Angst vor den riesigen Hunden der Suhlmanns, die nie an der Kette waren. Aber dort gehörten sie hin, wild wie sie waren.*

**Zeigen:** *Der Motor fing an zu stottern. Da fiel es Jonathan wieder ein. Er hatte vergessen zu tanken. Als schließlich der letzte Tropfen Benzin den Vergaser passierte, blieb das Fahrzeug stehen, genau vor dem Haus der Suhlmanns.*

*"Haut ab!", schrie er, denn sofort war das Auto von den riesigen Hunden der Familie umringt. Ihre gewaltigen gelben Zähne*

blitzten auf, als sie ihre Lefzen an den Seitenscheiben rieben.

"Haut ab, oder ich rufe die Polizei!" Was er da schrie, war völliger Blödsinn. Die Angst, die in ihm ausbrach, legte sich um seinen sonst so klaren Verstand.

Mit zittrigen Fingern und unter dem grauenerregenden Gebell brauchte er eine ganze Weile, um die Nummer der Suhlmanns fehlerfrei zu wählen. Zum Glück nahm jemand ab.

"Hören Sie, ich stehe vor Ihrem Haus. Können Sie die Hunde wegnehmen. Die Biester lassen mich nicht aussteigen!", log er.

"Ja, ich bin gleich bei Ihnen. Warten Sie."

Als er wenig später die Straße entlang lief und sein Blutdruck sich normalisierte, war das Gekläffe kaum noch zu hören.

"Verdammt, hättest du nicht in ein Haus an der anderen Seite der Siedlung ziehen können!", begrüßte er seinen Bruder.

Welche der beiden Texte beschreibt die Qualen des armen Kerls besser?

Hier ein weiteres Beispiel:

**Verraten:** *Jana ging damals hochschwanger zur Kölner Demo. Für sie war dieses Demonstrieren wichtiger als ihr Zustand. Sie lief in einem auffallend lustigen Watschelgang, eine riesige Fahne mit beiden Händen haltend. Sie warf sie jedoch sofort beiseite, als die Wasserwerfer angestellt wurden. Dadurch gelang es ihr, sich gerade noch rechtzeitig in Sicherheit zu bringen.*

### ÜBUNG 10A

**Zeigen:** Jetzt sind Sie dran. Machen Sie es besser. Verraten Sie nicht so viel sondern zeigen Sie ihren Lesern ihre agierende und hochschwangere Jana.

Stellen Sie ihr eine Freundin zu Seite, die sie schon

seit langem nicht mehr gesehen hat. Was wird die Freundin denken und was wird sie sagen, wenn sie Jana so mutig daher watschelnd sieht?

ÜBUNG 10B

Mit Gleichnissen gelingt es meist besonders gut, etwas sichtbar zu machen. Aber achten Sie darauf, dass der Leser das auch nachvollziehen kann. Der Satz:

*Er hatte die sanften Augen eines Rentieres.*

wird der Vorstellungskraft der meisten Leser Schwierigkeiten bereiten, da Rentiere nicht zur normalen Umgebung zählen. Der Satz:

*Er hatte Oberarme wie Heizungsrohre und Hände wie Kohleschaufeln.*

macht jedem Leser deutlich, wer da vor einem steht.

Beschreiben Sie nun eine der folgenden Szenen auf jeweils einer DIN-A4-Seite und verwenden Sie dabei möglichst viele Gleichnisse:

a) ein Riesenrad, bei dem tragende Bolzen herausspringen, nachdem der gesamte Gemeinderat der Stadt darin Platz genommen hat.

b) eine große Gruppe Schiffbrüchiger, die in zerschundener, nasser Kleidung orientierungslos durch das Wattenmeer marschiert.

c) Zwei Hunde, die im verschneiten Hochharz die abgehackten, blutig-roten Köpfe einer Wandergruppe finden.

d) ein Fallschirmspringer landet mitten im Urwald und ist sofort umringt von Eingeborenen. Was sieht er?

## Regel 11 Ihre Schauplätze und Landschaften

Schauplätze und Orte sind wesentlich für einen Roman, dürfen aber nicht miteinander verwechselt werden. Wie beschreibt man nun den eigenen Schauplatz oder Ort?

Dies geht natürlich umso besser, je mehr Sie ihnen vertraut sind bzw. je häufiger Sie diesen Schauplatz oder Ort selbst erlebt haben. Aber auch Landschaften aus ihrer Fantasie, z.B. die Oberfläche eines fremden Planeten oder einer Fantasiewelt, oder Orte, in denen Sie nie zuvor waren, können für den Leser zur Realität werden. Besonders authentisch werden Beschreibungen von Orten, die man gut kennt, in denen man schon gelebt hat.

Wie das geht? Sie brauchen nichts weiter als sich gedanklich dort hinein zu versetzen. Stellen Sie Fragen. Das hilft ihnen, sich zu erinnern.

Welche Jahreszeit herrscht dort gerade? Beschreiben Sie das Wetter, den Boden, das Licht, die Farben, die Geräusche und die Gerüche, die man wahrnimmt, wenn man dort ist. Aber auch Beschreibungen von Menschen oder Tieren, die man dort antrifft, erleichtern es dem Leser, sich dort hineinzuversetzen. Der Ort wird für ihn plastisch, ja mit allen Sinnen spürbar. Wenn Sie es gut machen, befindet er sich beim Lesen ihrer Zeilen genau dort, wo Sie ihn haben wollen.

Und jetzt besitzen Sie die beste Bühne für ihre Figuren. Nicht die Länge der Beschreibung ist wichtig, sondern die Wahl der richtigen Worte, ihre Intensität und Treffsicherheit.

Manchmal ist es sinnvoll, nicht die Umstände selbst

zu beschreiben, sondern deren Wirkung.

Bearbeiten Sie die beiden folgenden Übungen, denn dies wird sicherlich dazu beitragen, ihre Ausdrucksform zu verbessern.

## ÜBUNG 11A

*Das kleine, alte Holzhaus vor dem dunklen Buchenwäldchen, dessen Fensteröffnungen mit knittriger gelber Folie verschlossen waren, versteckte sich hinter einem riesigen, wundervoll weiß blühenden Apfelbaum. Unzählige Bienen schwirrten herum. Irgendwo oben im zerfallenen Dachstuhl vermutete ich ihren Korb.*

*Das Haus betrat ich, ohne anzuklopfen, denn sämtliche Türen waren herausgerissen und befanden sich verstreut im Garten. Meine Turnschuhe berührten vorsichtig den knarrenden Dielenboden. Er hielt. Ich fand das, was mal das Wohnzimmer gewesen sein mochte und setzte mich auf die eine Seite der alten, grünen Couch, denn die andere war aufgerissenen und bot einen ungehinderten Blick auf die ausgeleierten Sprungfedern darunter.*

*Das Hemd und selbst die Hose klebten an meinem Körper, so heiß war es an diesem Tag. Ich bin seit meiner Knieoperation schon lange keinen so weiten Weg mehr gegangen. Aber hier sollte ich auf ihn warten. Auf den Mann, der mir am Telefon seinen Namen nicht nannte; genauso wenig wie den Grund, mich hier zu treffen.*

*Ich saß regungslos da. Der Hund zu meinen Füßen machte keine Anstalten, sich zu bewegen. Das war für ihn sehr untypisch. Draußen im verwilderten Garten, im Schatten des riesigen Laubbaumes, hatte er noch herumgetollt. Hier drinnen wich er nicht von meiner Seite. Ich konnte mich nicht daran erinnern, ihn jemals so ruhig und doch so angespannt gesehen zu haben.*

*Ich schaute hoch zur Decke. Es war sicherlich verdammt lange her, dass der mittlerweile verrostete Deckenventilator die feuchte, modrige Luft des alten Hauses mit der kühlen Brise des nahen Meeres vermischt hatte.*

*Die Wände, die ich sah, waren überall schwarz. Es war eine Schwärze, die tiefer nicht hätte sein können. Sie verschluckte sogar mühelos das sirrende Sonnenlicht, das durch einige fehlende Bretter oder die aufgerissene Folie hineinfiel. Bei näherem Hinsehen erkannte ich den jahrzehntealten Schimmel, der sich auf der Tapete gebildet hatte.*

Was erfahren Sie beim Lesen dieses Textes über den Ort? Taucht er vor ihren Augen auf?

## ÜBUNG 11B

Holen Sie eine ältere Postkarte hervor, die Sie aufgehoben haben und beschreiben Sie, was Sie darauf sehen. Wie warm ist es dort? Wie hoch ist die Luftfeuchtigkeit? Welcher Geruch dringt an die Nase? Was für ungewöhnliche Geräusche hört man? Welche Menschen würden ihnen dort über den Weg laufen?

## SPRUCH 11

*Die Landschaft spiegelt sich in mir,*
*wird menschlich, wird denkbar.*

*Cézanne*

## ÜBUNG 11C

Beschreiben Sie einen Zugwagon, der in den Pyrenäen im Einsatz ist, bevor er durch eine heimtückische Manipulation am Bremssystem entgleist. Was könnte er für eine Farbe haben, welche Geräusche begleiten seine Fahrt, welche Gebrauchsspuren sind erkennbar, welche Materialien, welcher Geruch, welche Farben und Formen dominieren das Interieur? Welche Menschen benutzen ihn? Welche Kleidung tragen sie, was für Gespräche führen sie, was sagen ihre Gesichter?

Beginnen Sie mit:

*Als ich in den Zug stieg, war es sehr früher Morgen. ...*

## ÜBUNG 11D

Beschreiben Sie eine Gartenlaube am Starnberger See, in der sich zwei Männer treffen werden, um einen Brandanschlag auf Babelsberg zu planen. Der Umfang sollte eine Seite nicht übersteigen. Berücksichtigen Sie dabei die oben genannten Punkte. Fangen Sie z.B. an mit: *Fernab von der Landstraße lag eine alte, halb verfallene Laube, auf deren Dach dickes Moos wucherte. ...*

## ÜBUNG 11E

Beschreiben Sie einen Ort, der in ihrer Jugend eine bedeutende Rolle gespielt hat. Dazu machen Sie zunächst eine kleine Liste mit Orten, an die Sie sich noch gut erinnern können. Sie werden erstaunt sein, was da zum Vorschein kommt. Dann wählen Sie einen dieser Orte aus und fangen an zu schreiben. Beginnen Sie mit:

*Ich erinnere mich an ... (Liste n die Notizen Seite 143)*

## Regel 12 Ihre Protagonisten

Ihre zentralen Figuren sind das Herz der Geschichte. Sie tragen die Handlung, nehmen den Leser mit in ihre Welt und durchschreiten Höhen und Tiefen ihrer Erzählung. Sie müssen in der Vorstellung des Lesers lebendige Geschöpfe sein.

Eine Figur ohne Charakter bleibt jedoch farblos wie ein Strichmännlein. Der Leser will von ihr nichts wissen.

Damit genau das nicht passiert, sind Sie in der Pflicht, ihre Figuren besser kennen zu lernen. Der häufigste Fehler von Erstautoren ist der, dass die handelnden Personen, selbst die zentralen Figuren, also ihre Protagonisten, meistens nicht glaubhaft erscheinen.

Das hängt damit zusammen, dass der Leser diese Menschen kaum richtig kennen lernt, deren offene Fragen nicht glauben kann und so deren Handlungen und Beweggründe nicht versteht.

Vielfach hängt das damit zusammen, dass Sie als Autor mit ihren eigenen Figuren nicht richtig vertraut sind. Das können nur Sie ändern. Beginnen Sie also damit, Sie zunächst besser zu verstehen. Das gelingt ganz einfach, indem Sie sich selbst befragen.

Wie das geht?

Stellen Sie einen Stuhl neben ihren Schreibtisch, setzen Sie gedanklich eine ihrer Figuren dort hin und befragen Sie sie. Oder Reisen Sie mit ihr zusammen in einem gemächlich dahin gleitenden Zeppelin, damit sich ihr Protagonist in sicherem Abstand von ihrem Text mal so richtig aussprechen kann.

Legen Sie für jede ihrer Figuren eine große Karteikarte an (DIN-A4). Alles, was im Zusammenhang mit
dieser Person steht, tragen Sie dort ein: Aussehen, Geburtsdatum, einschneidende Erlebnisse, Rückschläge,
Erfolge, Vorlieben, Eigenschaften, Lieblingsfarbe,
Stimme, Bildung, typische Aussagen und Fragen, Gebrechen, Ängste usw. (siehe Mobla Seite 59).

Dies ist der Job der Personalabteilung ihrer Romanmanufaktur. Damit sind Sie bestens auf das Abenteuer vorbereitet, ein eigenes Buch zu schreiben.

Jeder ihrer Figuren trägt einen *Kompass* in sich. Dieser schlägt unterschiedlich aus, je nachdem, welche
Kräftefelder von außen auf sie einwirken.

Gibt es schreckliche, abgrundtief böse Figuren in ihrer Erzählung, dann scheut man als Autor oft den "direkten" Kontakt. Befragen Sie dann die Eltern dieser
Person, Nachbarn, Privatdetektive oder andere, die
gerne Auskunft geben wollen.

Beschreiben Sie ihre Protagonisten ausführlich. Füllen Sie ihre Karteikarte mit dem entsprechenden Lebenslauf aus. Suchen Sie in Zeitschriften nach Gesichtern, die ihren Protagonisten ähnlich sehen und
beginnen Sie diese detailgenau zu beschreiben.

Jeder Autor liebt es, seine Protagonisten dem Leser
näher zu bringen. Ein wunderbares Beispiel ist Juli
Zeh's Einführung von Rita Skura in Kapitel 4 des Romans SCHILF.

Nur durch "Gespräche" erfahren Sie also vom Innenleben ihrer handelnden Personen. Im besten Fall
kennen Sie ihre Figuren so gut, dass Sie schon im Vorfeld wissen, wie diese unter bestimmten Situationen
reagieren. Irgendwann werden Sie ihnen so vertraut

sein, dass Sie deren Sprache, Träume, Gedanken und Handlungen authentisch darlegen können. Dadurch gewinnt ihre Story an Lebendigkeit.

Der Gegenspieler oder die Gegenspielerin bedarf nicht unbedingt der detaillierten Darstellung. Oftmals ist es sogar für die Handlung gut, wenn diese Figuren etwas diffus bleiben. Trotzdem muss deren Motiv, Ziel oder persönliche Geschichte erkennbar sein. Auch diese Figur muss also genauso glaubhaft "rüberkommen".

Das Ziel der folgenden Übungen ist es, ihnen Wege aufzuzeigen, wie Sie ihre Protagonisten auswählen und ihnen Leben einhauchen.

## SPRUCH 12

*Kein Lebendiges ist eins.*
*Immer ist's ein Vieles.*

*Johann Wolfgang von Goethe*

## ÜBUNG 12A

Sie sind auf der Suche nach brauchbaren Figuren? Dann machen Sie folgende Übungen. Stellen Sie sich vor, Sie wären eine Personenfähre auf dem Rhein: Welche Personen fahren mit ihnen, welche würden Sie gerne transportieren, welche nicht, was für Gedanken gehen diesen Personen durch den Kopf und was haben diese vor? Was haben Sie kurz zuvor erlebt? Warum humpelt der eine und warum lässt der andere abgrundtiefen Hass erkennen.

Welche Leute laufen über ihr Deck? Sollten Sie sie nicht kennen, geben Sie ihnen Namen und schreiben Sie ein paar Geschichten über sie. Welche dieser Personen würden Sie einladen, in ihrer Geschichte eine Rolle zu übernehmen? Geben Sie dieser Person einen Vertrag, nachdem Sie ihr erzählt haben, was auf sie zukommen könnte. Sie werden schnell merken, wer belastbar genug ist, um seinen Job in ihrer Roman-Manufaktur zu übernehmen.

Oftmals ist es geschickt, solche Charaktere zu verwenden, die irgendwie eingeschränkt einsatzfähig erscheinen. Das kann der Kommissar sein, der panische Angst vor Schlangen hat und genau mit diesen Tieren im Laufe ihrer Geschichte in engen Kontakt kommt oder aber die Freundin mit einer fürchterlichen Angst vor Wasser, die ihren Freund aber nur retten kann, wenn sie diese überwindet.

Sie werden sicherlich täglich an ihren Protagonisten Neues entdecken. So werden Sie ihnen mit der Zeit immer vertrauter, immer klarer. Dann nehmen Sie das Schicksal ihrer Figuren in die Hand und lassen sich von ihrer Fantasie leiten.

## ÜBUNG 12B

Beschreiben Sie eine Person, die Sie nur kurz gesehen haben. Das kann zum Beispiel die Frau sein, die ihnen die Theaterkarten verkauft hat. Was war ihr schrecklichstes Erlebnis? Warum trägt sie diese komischen Sachen, die aussehen, als kämen diese aus der Kleiderkammer? Hat sie die Liebe ihres Lebens gefunden? Führt sie womöglich ein Doppelleben?

Besteht Gefahr, dass ihr Leben außer Kontrolle oder in Gefahr gerät? Seien Sie großzügig. Geben Sie sich einen Ruck und schenken Sie ihr einen interessanten Lebenslauf.

Denken Sie daran, dass die Menschen ein Produkt ihrer eigenen Historie sind. Personen, die nicht zur "Ingroup" ihres Protagonisten gehören, wird er mit Gleichgültigkeit und abhängig davon, wie sehr sie ihm in die Quere kommen, mit Ablehnung, Feindlichkeit, Aggressivität oder sogar Gewalt gegenübertreten.

Ihre Akteure sind Kleingruppenwesen und daher umgeben von Personen, mit denen sie Kontakt pflegen. Häufig kann man gerade mithilfe dieser Helfer ihre Hauptfiguren wundervoll beschreiben.

Ein Beispiel: Sie wollen ihre Hauptfigur als schusselig aber hilfreich darstellen. Sie können sie auf zwei Seiten beschreiben (verraten) oder aber auf einer einzigen Seite z.B. in Form eines Dialogs mit einer nahestehenden Person sichtbar machen (zeigen). Denn der Mensch wird 'sichtbar' durch seine Taten. Denken Sie dabei stets an die Regel: Zeigen, nicht verraten.

Das Wesen ihrer Figuren können Sie wunderbar durch Handlungen herausarbeiten. Wie bindet er sich die Schuhe zu? Wie packt sie ihren Koffer im Schlafzimmer? Welche Handgriffe macht er an seinem Schreibtisch? Wie gießt sie ihren Tee ein? Warum wischt sie ihren Sitzplatz in der Bahn immer ab, bevor sie sich setzt?

Noch etwas Wichtiges: Ihre Protagonisten agieren immer im Vollbesitz ihrer geistigen und körperlichen Möglichkeiten. Ich betone: Immer! Während normale Menschen unter Anspannung überwiegend dazu neigen, Problemen auszuweichen oder sich abschotten oder gar einigeln, erwartet der Leser von ihren Protagonisten, dass sie sich in der Krise bewähren, ihre Aufgaben meistern und ihre Gegenspieler bekämpfen oder vom Platz verweisen. Damit tun diese Figuren etwas, was die meisten von uns eher meiden.

Konfliktfähigkeit ist Unterrichtsbestandteil von Managerkursen. Also coachen Sie ihre Figuren, finden Sie kreative Lösungen, stellen Sie ihnen kooperative, interessante Partner zur Seite. Die eigenen, fundamentalen Überlebensinteressen ihrer Hauptfigur sollten Sie stets berücksichtigen.

Dann besteht auch Aussicht auf Erfolg, für ihren Helden oder ihre Heldin und damit für ihre Story.

## ÜBUNG 12C

Es gibt drei Grundprinzipien bzw. Grundkompasse. Diese Typen gibt es selten in der Reinform. Die meisten Menschen, die wir kennen, haben etwas von allen.

Um sie einprägsam zu machen, habe ich ihnen Namen gegeben, die bereits stark beansprucht sind:

*Schwarzenegger*: breitschultriger Held mit hoher Schmerztoleranz, dessen Mittelpunkt die Muskulatur ist. Er verfügt über ein Höchstmaß an Ausdauer und hat nur wenig Schlafbedürfnis. An den Gefühlen der anderen zeigt er nur geringes Interesse.

*Einstein*: schmalbrüstiger Held, der vom Nervensystem dominiert wird. Er hat dünne Gliedmaßen und neigt zum Träumen, bringt beachtliche Verstandesleistungen zustande, hat wenig Appetit.

*Obelix*: Bei diesem Typus haben die Innereien die

Dominanz. Komfort und gesellschaftliche Anerkennung sind ihm wichtig. Er neigt zur Völlerei und schläft viel. Sein Körper und sein Geist sind jedoch schwach (wenn er nicht in den Zaubertrank gefallen wäre).

Malen Sie für jeden ihrer Protagonisten ein Dreieck. Dann schreiben Sie an die Ecken die drei oben benannten Grundprinzipien. Nun setzen Sie innerhalb dieses Dreiecks einen dicken Punkt, dessen Position die jeweiligen Anteile der Grundprinzipien verdeutlichen sollte. Beispiel: Schimanski käme also näher an das Prinzip *Schwarzenegger* und hätte noch einen Anteil *Einstein*.

Wenn Sie mit diesen Grundprinzipien nichts anfangen können, ersetzen Sie sie wie folgt:

*Schwarzenegger* = Energie, Kraft, Potential
*Einstein* = Weisheit, Information, Wissen, Geist
*Obelix* = Masse, Körper, Materie

## ÜBUNG 12D

Beschreiben Sie einen ihrer Nachbarn. Das kann der Mann sein, der jeden Morgen um sieben Uhr sein Haus im Nadelstreifenanzug verlässt um dann in einem alten, aber gepflegten Porsche zur Arbeit fährt. Seine Frau vernachlässigt er seit Jahren sträflich. Warum? Was war sein schrecklichstes Erlebnis? Wie war sein Verhältnis zu seiner Mutter, zu seinem Vater? Hatte er seine Frau heiraten müssen? Welchen Kompass könnte er in ihrer Geschichte in der Hand halten, welche Aussagen sind für ihn typisch?

## ÜBUNG 12E

Der Kompass eines Protagonisten kann auch als sein Lebensprogramm oder Leitlinie bezeichnet werden. Schauen Sie sich die Tabelle 12E an und entscheiden Sie, ob ihnen andere Zuordnungen besser gefallen.

Welche Lebensprinzipien gelten für ihre Protagonisten?

Ein Motiv jedoch ist universell. Jeder will lieben bzw. geliebt werden. Dafür sind aber nur wenige bereit, alles zu tun.

**Tabelle zu Übung 12E**

| Figur | Motiv / Leitlinie |
| --- | --- |
| Abenteurer | sich den Herausforderungen der Welt stellen, Risiken eingehen |
| Arzt | helfen und heilen |
| Despot | Ruhm erlangen |
| Gärtner | die Welt gestalten, der Natur nahe sein, die Natur beherrschen |
| Krimineller | --- keine Lebensaufgabe gefunden --- |
| Künstler | Klarheit der Dinge, Schönheit erkennen |
| Millionär | noch mehr Reichtum anhäufen |
| Pfarrer | Erkenntnis und Erlösung erlangen |
| Philosoph | die Welt und den Menschen bewerten |
| Polizist | sich der eigenen Angst stellen |
| Psychologe | den einzelnen Menschen und soziale Strukturen verstehen |
| Rockstar | Status erlangen |
| Soldat | seine Pflicht erfüllen, sich als Teil eines Ganzen fühlen |
| Sportler | sich spüren, sich verausgaben, an die Grenzen gehen |
| Tischler | Ideen realisieren, Holz spüren, Freude an Feinmotorik |
| Wissenschaftler | Erkenntnis erlangen, Regeln und Zusammenhänge erkennen |

ÜBUNG 12F

Ihre Protagonisten handeln immer unter voller Leistungsfähigkeit und nie wie *Flasche leer.* Es ist daher wichtig, zu verstehen, was Intelligenz ist. Die meisten von uns haben jedoch nur eine sehr rudimentäre Vorstellung davon. Hier eine Sammlung, die zeigt, was man heute darunter versteht:

1.) Faktische Intelligenz (lexikalisches Wissen)
2.) Analytische Intelligenz (Zerlegen in Details)
3.) Kombinatorische Intelligenz (Zusammenhänge)
4.) Räumliche Intelligenz (z.B. Mustererkennung)
5.) Musikalische Intelligenz
6.) Praktische Intelligenz (Fingerfertigkeiten)
7.) Körperliche Intelligenz (Muskelbewegung, Sport)
8.) Intuitive Intelligenz, Gespür (Vorhersagen)
9.) Interpersonelle Intelligenz (soziale Intelligenz)
10.) Sprachliche Intelligenz (Ausdruck, Rhetorik)

Sie ahnen schon, was jetzt kommt. Geben sie jedem ihrer Protagonisten die Note 1 (sehr gut) bis 5 (mangelhaft) für jede der genannten Intelligenz-Kategorien.

Spruch 12

*Im Grunde sind es immer die Verbindungen mit Menschen, die dem Leben seinen Wert geben.*

*Wilhelm von Humboldt*

### Regel 13 Details in ihrer Story

Ob Orte, Schauplätze oder Personen: beschreiben Sie viele Details, denn sie erhellen die Personen, die Handlungen und die Dialoge. Sie können auch eine Vertiefung der Situation ermöglichen oder dazu beitragen, dass die Sinne des Lesers angesprochen werden. Wenn Sie damit anfangen, werden Sie schnell feststellen, dass Sie genauer hinsehen, genauer hinhören und dass auch ihre anderen Sinneswahrnehmungen intensiver werden.

Während ihr Buch heranwächst, werden Sie achtsamer. Achtsamkeit führt zu einem zentrierten Leben.

ÜBUNG 13A

Beschreiben Sie in nur 5 Zeilen die Kleidung einer Frau, die ihnen beim Einkaufen aufgefallen ist. Erfassen Sie das Wesentliche.

ÜBUNG 13B

Setzen Sie sich Samstags morgens mit ihrem Notizbuch in ein Café und sondieren Sie ihre Umgebung auf der Suche nach Charakteren, die in ihrer Geschichte eine Haupt- oder Nebenrolle einnehmen könnten. Wer fällt ihnen auf?

Stellen Sie sich jetzt vor, Sie sprechen diese Person an, nur um mitzuteilen, dass Sie den Job in ihrem Roman bekommt. Wie würde sie reagieren? Was würde sie von sich erzählen?

ÜBUNG 13C

Suchen Sie in ihrem Bücherregal oder in dem Buch, das Sie gerade lesen, nach Personenbeschreibungen und tippen Sie diese in ihren Computer. Sie lernen dabei, wie man es macht. Diese Übung wird nie langweilig. Nach einiger Zeit wird eine stattliche Anzahl an stets anregenden Beschreibungen auf ihrer Festplatte zu finden sein. Hier ein Beispiel:

*Er saß, leicht nach vorne gebeugt, an seinem Schreibtisch. Der alten Geheimschrift, die Marion ihm zuvor überreicht hatte, gehörte nun seine ganze Aufmerksamkeit. So bemerkte er kaum, dass das herbstliche Sonnenlicht, das durch die halboffene Terrassentür fiel, sein nahezu unbewegliches Profil mit der markant gebogenen Nase an die Wand warf. An einigen Textpassagen rieb er sanft daran.*

*Immer wieder bewegten sich seine scharf konturierten, blutleeren Lippen, die leise einige der unglaublichen Textstellen aussprachen. Dann, ganz plötzlich, schlug er das Buch zu, rieb sein schmales, spitzes Kinn und erklärte, ohne den Blick zu erheben, er wolle das Buch noch ein paar Tage prüfen, um ganz sicher zu gehen. Als er schließlich seinen Kopf hob, fielen seine schwarzen, dichten Haare lockig in den Kragen. Die Narbe auf seiner Stirn machten es ihr unmöglich, ihm in die scharfen, stechenden Augen zu schauen.*

*"Ist dieses Buch echt und bleibt es in Ihrem Besitz, werden sie keinen ruhigen Tag mehr erleben."*

*Marions freudiges Lächeln wandelte sich langsam, wie bei einer Pantomimin. Ihre Mundwinkel senkten sich wie in Zeitlupe und die Mandelaugen verwandelten sich in dunkle Schlitze. Über ihrer Nasenwurzel schienen sich die Augenbrauen zusammen zu ziehen. Überstürzt verlies sie wenig später die alte Villa.*

### ÜBUNG 13D

Wählen Sie ein Bild einer Person aus, das Sie in einer Illustrierten oder in einem Bildband gefunden haben. Die Gesichter von älteren Menschen oder Naturvölkern sind hier besonders interessant. Dann beginnen Sie, dieses Gesicht und den Menschen zu beschreiben. Verwenden Sie zusammengesetzte Nomen und Adjektive (hellgrüner Strickpullover). Fangen Sie so an, als würde eine ihrer Figuren diesen Menschen auf einem größeren Platz suchen. Beginnen Sie mit:

*Als er den Platz betrat, erkannte sie ihn nicht auf Anhieb. Sie waren sich schon Jahre nicht mehr begegnet ...*

### ÜBUNG 13E

Beschreiben Sie die Eingangstür eines alten Jugendstilhauses, die abgeblätterte Lackierung, die Türklinke, das Geräusch der Scharniere beim Öffnen, den Geruch des Hauses und die Wärme, die ihnen beim Eintritt entgegenströmt. Lassen Sie alle Sinne wahrnehmen. Fangen Sie an mit:

*Als Monika das Gartentor öffnete, erkannte sie das alte Haus zunächst nicht wieder. ...*

### ÜBUNG 13F

Lesen Sie den folgenden Text. Er hat deutliche Schwächen. Tippen Sie ihn ab und benennen Sie die Schwachstellen (Wiederholungen, mangelhafte Beschreibung, fehlende Sinneseindrücke). Dann legen Sie mit ihrer Verbesserung los.

*Sie standen vor der Tür von Tills Haus. Es war klein und einstöckig. Es wirkte von außen alt und renovierungsbedürftig Es hatte ein Schindeldach, das moosbedeckt war. Die Dachrinne war an einigen Stellen durchgerostet. Die Wände zeigten Risse, und die Farbe war abgeblättert. Der Garten war völlig vernachlässigt. Einzig die wunderbare Lage hoch über der sich windenden Donau gab dem Haus einen gewissen Wert. Die Eingangstür konnte nur mit großer Kraftanstrengung geöffnet werden. Niemand schien zu Hause zu sein. Zügig und mit großen Schritten gingen ein Mann und eine Frau auf dem Bürgersteig an dem Haus vorbei. Keiner von beiden bemerkte die beiden Kriminalbeamten, die nun das Haus betraten.*

## ÜBUNG 13G

Renate Roland, Rechtsmedizinerin und mit der Obduktion von Leichen bestens vertraut, ist unglücklich mit einem Richter in Straßburg verheiratet. Sie besucht übers Wochenende heimlich die Lavendeldestillation ihres Liebhabers Etienne in Südfrankreich. Was nimmt diese Frau dort wahr? Welche Farben, welche Gerüche und welche Geräusche wirken auf sie ein? Wie empfindet sie den Unterschied zu ihrem Arbeitsplatz in Straßburg? Fangen Sie an mit:

*Ihr Haar war ungekämmt und hing in wirren braunen Strähnen herunter. Ihr Gesicht, völlig ohne Make-up, war bleich. So bleich wie die Leichen, die man ihr brachte. Der beige Rollkragenpullover schmiegte sich eng um ihren Hals. Sie trug eine Brille mit großen, eckigen Gläsern in einer Fassung aus weißem Kunststoff. Die grünen Augen darunter wirkten müde und waren eingerahmt von leicht geröteter Bindehaut. Das konnte viele Ursachen haben. Vielleicht sehnte sie sich nach Entspannung. La-*

*vendel und Licht sollten heilende Wirkung haben, hatte ihr Etienne versprochen. Als sie in die Hofeinfahrt einbog, winkten ihr spielende Kinder freundlich zu. Sie hielt an und schaute sich um. Ihn entdeckte sie erst beim genauen hinsehen. Er stand auf einem Lavendelfeld und hatte ihr Kommen noch gar nicht bemerkt. Die Kinder öffneten lachend die Wagentür ...*

## Regel 14 Dunkelheit

Dunkelheit ist nichts Eigenes an sich sondern es ist nur Abwesenheit von Licht. Und in dieser Abwesenheit verwandeln sich ihre Figuren. Es treten ungekannte Eigenschaften in ihnen hervor, sie stellen sich extremen Situationen und riskieren womöglich Kopf und Kragen. Dadurch nehmen ihre Helden charakteristische Positionen im Lauf ihrer Geschichte ein.

Bei Licht betrachtet sind die meisten Menschen, mit denen wir es zu tun haben, langweilig. Damit das ihren Protagonisten nicht auch passiert, tauchen Sie sie ein in Dunkelheit. Erst die Dunkelheit macht sie zu interessanten Figuren in spannenden Romanen. Bestimmte Menschen wachsen dabei über sich hinaus, andere öffnen der dunklen Seite ihres Charakters Tür und Tor.

Sie kennen sicher diese typischen Szenen in Horror-Büchern und Kriminalgeschichten, die es in endlosen Abwandlungen gibt: Der Protagonist geht, nur mit einer Taschenlampe bewaffnet, in einen lichtlosen Keller, um eine verschwundene Personen zu suchen. Damit stellt er sich der Dunkelheit, dringt in sie ein und wird in ihr sichtbar. So bringt er letztlich Licht ins

Dunkel. Und wenn der Autor es gut gemacht hat, nimmt er den Leser Stück für Stück mit hinein in die Ungewissheit.

Die Steine, die er im Laufe ihrer Story umdreht (es sind also die dunklen Seiten dieser Steine, die betrachtet werden), sind kleine Offenbarungen hinein in die Seele eines anderen Menschen.

Raimund Gregorius, die zentrale Figur in Pascal Merciers *Nachtzug nach Lissabon*, dringt vehement ein in die Lebensgeschichte des Arztes Amadeu de Predo. Dadurch fällt Licht in eine längst vergangene und fast vergessene Dunkelheit der portugiesischen Geschichte (Pascal Mercier ist ein Pseudonym von Peter Bieri).

Damit ist die Dunkelheit in der sonst sichtbaren Welt ihrer Story und in der Seele der Menschen ein untrennbarer Bestandteil jeder guten Geschichte. Nach Theodor Röthke beginnt in dunklen Zeiten das Auge zu sehen.

Die Dunkelheit zwingt die Figuren zu agieren. Da sie nicht davonlaufen, wie die meisten Menschen, die wir kennen, sondern sich der Dunkelheit stellen, bekommen Schmerz und Glück eine hohe Bedeutung. Sie schaffen den Kontrast, den ihr Roman braucht.

Und ein stets guter Leitfaden ist Hoffnung. Hoffnung, aus dem Dreck rauszukommen, Hoffnung auf die wahre Liebe, Hoffnung auf Heilung, auf Gerechtigkeit, auf Freiheit, auf angenommen sein.

Die wohl dunkelste Seite menschlichen Seins ist das Töten eines Artgenossen. Damit ist das physische, aber auch das seelische Töten gemeint. Warum wohl sind Krimis die häufigste Form von Romanen? Sicherlich deshalb, weil wir alle früher oder später den

Wunsch verspüren, einen Menschen zu beseitigen. Das ist meist jemand, der uns mächtig ärgert, der uns im Wege steht, der uns am Fortkommen hindert, der etwas hat, was wir haben wollen oder was auch immer.

Romane, in denen der Protagonist ein gutes Motiv hat, sich eines anderen zu entledigen, stoßen daher auf breites Leserinteresse. Nur zu gern schließen wir sowohl eine Bande mit dem Täter, aber auch mit dem Opfer, weil wir uns in beide hineinversetzen können. Das gelingt umso besser, je greifbarer, nachvollziehbarer wir beide Figuren aufgebaut haben.

Wenn man also verstehen soll, warum ihre Protagonistin im ersten Kapitel den eignen Schwiegervater bestialisch tötet, sind Sie in der Pflicht, diesen abgrundtiefen Hass Stück für Stück in den weiteren Kapiteln aufzubauen. Wie entstand diese Feindseligkeit? Welche dunklen Geheimnisse liegen in der Familiengeschichte verborgen?

Weitere dunkle Seiten ihrer Figuren sind, der katholischen Theologie folgend, die Todsünden Geiz, Neid, Stolz, Trägheit, Unkeuschheit (Unsittlichkeit), Unmäßigkeit (Völlerei) und Zorn.

Jede einzelne dieser Sünden ist bereits eine wunderbare Quelle für eine Vielzahl an Triebfedern. Keiner von uns ist frei davon.

Allein der Neid beinhaltet bereits unzählige Facetten. Da sind z.B. Futterneid, Sozialneid, Neid auf das größere Auto, Neid auf besseres Aussehen, Neid auf bessere Bildung, Neid auf den besseren Job, Neid auf den erfolgreicheren Roman. Arbeiten Sie mit diesen Motiven.

## ÜBUNG 14A

Sie wollen Licht ins Dunkel bringen. Stellen Sie sich folgendes vor: Ihr Protagonist findet in einem Abwasserkanal die Leiche seines Bruders. Augenblicke darauf wird er vom Mörder überwältigt und liegt am Boden. Welche Dialoge zwischen Mörder und möglichem Opfer sind denkbar? Welche Positionen nehmen sie ein? Wer zeigt Schwäche? Wer wächst über sich hinaus? Suchen Sie ein Ende dieser Szene ohne Blutvergießen. Dabei soll der Tod des Bruders als unvermeidlich und als logische Schlussfolgerung aus dessen Lebenslauf dargestellt werden. Lassen Sie ihrer Fantasie freien Lauf.

## ÜBUNG 14B

Trägheit ist eine Todsünde. Welche Probleme können daraus resultieren? Beschreiben Sie die Geschichte der zwei Männer Otje und Leon, die kurz nach Einbruch des Winters eine schwangere Frau im hohen Norden Finnlands abholen wollen. Otje ist Pilot, Leon Arzt. Im finnischen Sumpfgebiet stürzen sie bei einem schweren Schneesturm mit ihrem einmotorigen Flugzeug zwanzig Kilometer vor dem Ziel ab. Beide überleben und sind nur leicht verletzt. Das Funkgerät ist defekt. Otje ist träge und will auf Hilfe warten. Leon hat den Hippokratischen Eid abgelegt und will trotz Schneesturm zu Fuß weiter. Aber ohne Otje ist das unmöglich. Welcher Dialog wäre der Situation angemessen? Gelingt es ihnen, ein echtes Spannungsfeld aufzubauen.

Fangen Sie an mit: *Im Windschatten der kleinen Maschine und mit dem Rücken an den Flügel gepresst lag Leon und rieb seine beiden Beine eine ganze Weile. Als er versuchte, aufzustehen, begannen die Schmerzen bereits langsam nachzulassen. ...*

## Regel 15 Das erste Kapitel

Das erste Kapitel führt den Leser in ihre Geschichte ein wie ein guter Reiseleiter Menschen in ein fremdes Land begleitet. Dem ersten Kapitel kommt damit höchste Bedeutung zu, weil es darüber entscheidet, ob das Interesse des Lesers geweckt wird oder er das Buch für immer aus der Hand legt.

Das erste Kapitel sollte viele Dinge, die später an Bedeutung gewinnen, keimhaft enthalten. Es ist das halbtransparente Sommerkleid, das Versprechen weckt, das verlocken soll, das die Spannung vorbereitet, die Fantasie des Lesers anregt und das mindestens eine Figur und ihr Dilemma vorstellen sollte.

Immer gehört also eine Krise und ein Angriff in den Anfang wie in Peter Hoegs FRÄULEIN SMILLAS GESPÜR FÜR SCHNEE. Dort stürzt Jesaja, ein Kind, vom Dach eines Hauses in den Tod. Die Polizei zeigt wenig Interesse an dem Fall. Smilla hat jedoch andere Vorstellungen von dem Tathergang und ermittelt auf eigene Faust. Und der Leser folgt ihr willig hinein in die nächsten Kapitel.

ÜBUNG 15A

Nehmen Sie drei Romane zur Hand, die ihnen etwas bedeuten. Lesen Sie jeweils das erste Kapitel sorgfältig und beantworten Sie danach folgende Fragen:

Welche Person wird vorgestellt & beschrieben?
Wie wird das gemacht?
In welchem Dilemma befindet sie sich?
Welcher Ort wird beschrieben?
In welcher Zeit spielt der Roman?
Wird eine Spannung erkennbar?
Wird erkennbar, wie sich die Krise erweitert?
Welcher Angriff ist zu erwarten?
Welche Ziele hat die vorgestellte Figur?

ÜBUNG 15B

Unter www.bol.de finden Sie eine Vielzahl an Büchern. Bei einigen kann man die ersten Seiten lesen. Damit bekommen Sie auf leichte Art einen Eindruck von Stil und Story. Bei Regel 45 erfahren Sie, welche verschiedenen Anfänge ein Roman haben kann.

## Regel 16 Das Wachsen des Textes

Ihr gesamter Text besteht aus Inseln, die von ihrem roten Faden zusammengehalten werden. Diese Inseln, die nichts weiter sind als Dialoge, Subtext, Beschreibungen usw., haben Sie selbst erschaffen. Jetzt gilt es, diese Inseln miteinander zu verbinden, damit sie nicht

| Tabelle zu Regel 16 | | |
|---|---|---|
| Version | Datum | Wörter |
| V1 | 12. Aug 06 | 41603 |
| V2 | 3. Okt 06 | 43556 |
| V3 | 6. Dez 06 | 43214 |
| V4 | 5. Jan 07 | 45209 |
| V5 | 16. Mär 07 | 50768 |
| V6 | 26. Mär 07 | 52215 |
| V7 | 14. Apr 07 | 53494 |
| V8 | 7. Mai 07 | 54622 |
| V9 | 20. Mai 07 | 57986 |
| V10 | 2. Jun 07 | 59058 |
| V11 | 8. Jul 07 | 59283 |
| V12 | 2. Sep 07 | 61368 |
| V13 | 25. Nov 07 | 64463 |
| V14 | 29. Dez 07 | 65808 |
| V15 | 15. Feb 08 | 67677 |
| V16 | 30. Mär 08 | 70802 |
| V17 | 26. Apr 08 | 72610 |
| V18 | 26. Jul 08 | 74211 |

isoliert wirken und so zu einem Archipel werden, deren Punkte später der Leser der Reihe nach ansteuert. Die erste Version ihres Buches wird vielleicht erst ein paar tausend Wörter enthalten. Wenn Sie eine Kurzgeschichte schreiben wollen, müssen Sie jetzt versuchen, den Text zu verdichten. Wollen Sie jedoch weiter ausholen, werden neue Kapitel hinzukommen, vorhandene Bestandteile erweitert und Personen zunehmend lebendiger beschrieben. Die "Körpertemperatur" ihres Buches beginnt merklich zu steigen.

Vermeiden Sie Stillstand in der Handlung sowie lange Vor- und Nachreden in ihren Kapiteln. Die Zeit ist ein wichtiger Faktor in ihrer Story. Verwenden Sie ein straffes Erzähltempo Irgendein unausweichlicher Zeitpunkt treibt die Geschichte voran.

Steigen Sie daher immer **spät** in eine Szene oder in ein Kapitel ein. Das hält die Spannung aufrecht und der Leser legt das Buch nicht mehr zur Seite.

Sind die Personen ausreichend greifbar, dann spricht man von dreidimensionalen Figuren, d.h. es ist möglich, sie vor sich hinzustellen, sie sind vorstellbar und glaubhaft.

Nun beginnt die vielleicht mühevollste Aufgabe des Schreibens: Lesen, korrigieren, umstellen, verfeinern, ergänzen, streichen, verbessern, usw. Ein Buch ist wie ein Vogeljunges, das gepflegt und gefüttert werden muss. Es braucht ständige Zuwendung. Ob es dann eines schönen Tages das Nest verlassen und in die Welt hinaus fliegen darf, entscheidet der Lektor eines Verlages.

Die Tabelle oben dient als Beispiel für das Wachsen eines Textes. Nur die wesentlichen Versionen wurden berücksichtigt. V18 ging schließlich in den Druck.

## Regel 17 Perfektionismus

Eines sollte ihnen klar sein: Perfektion steht einem guten Schriftsteller immer im Wege. Setzen Sie sich nicht unter Perfektionsdruck. Am Anfang kann ein Manuskript nicht perfekt sein. Es sollte dann aber Stück für Stück mit ihrer Hilfe möglich werden. Der Leser erwartet, dass ein roter Faden alles zusammenhält und die Kapitel dort sind, wo sie hingehören. Auch verzeiht er keine Ungereimtheiten.

Aber ihr Text sollte durchaus Kanten, Sprünge und Knicke haben und kann an einigen Passagen rau sein. Finden Sie Ihren Schreibstil. Das gefällt den Lesern. Garantiert.

## Regel 18 Regelmäßig Schreiben

Schreiben Sie bei jeder Gelegenheit. Es gibt keinen Grund, das Schreiben für längere Zeit zu unterbrechen. Vermeiden Sie wochenlange Pausen. Bleiben Sie konsequent dabei wie ein Bildhauer an einem Stein. Diese Regel wird oft ignoriert. Man hat ja so viel anderes zu tun. Wer stiehlt ihre Zeit? Ist es Arbeit, Familie und Sport? Dagegen kann man kaum etwas vorbringen.

Sind es aber unzählige Stunden, die Sie der elektronischen Medienflut widmen, ist das verlorene Zeit. Das führt dazu, dass unfertige, aber mit großem Potential behaftete Texte in Schubladen verrotten oder, was noch schlimmer ist, unbeholfene, unausgewachsene Manuskripte an Verlage verschickt werden.

Lassen Sie sich von ihrem Ziel nicht abbringen. Bleiben Sie am Ball. Geben Sie dem Willen zum Schreiben regelmäßig Raum und Zeit. Lassen Sie unwichtige Tätigkeiten sein. Sie haben jetzt eine bedeutendere Aufgabe: Ihr Buch.

Stellen Sie sich immer wieder vor, wie Sie an ihrem Buchladen vorbeigehen und ihr Erstlingswerk liegt dort im Schaufenster. Motiviert Sie das?

## Regel 19 Eine Szene schreiben

Was ist eine Szene? Sie ist nichts anderes als eine Geschichte in einer Geschichte. Sie ist damit also Handlung und wenn möglich auch Dialog, der an einem bestimmten Ort und zu einem bestimmten Zeitpunkt von einer oder mehreren Figuren gespielt wird. So wird ihr Roman letztendlich eine Vielzahl von Szenen enthalten.

Lesen Sie Ihre Szenen laut vor. Schließen Sie die Augen und warten Sie, welche inneren Bilder in ihnen entstehen.

Könnte das, was Sie sehen, mithilfe ihrer Worte auch für andere sichtbar werden?

## ÜBUNG 19

Im folgenden Text bekommt ein eigenbrötlerischer, schrulliger Arzt unerwarteten Besuch von einem Rechtsanwalt.

Tippen Sie den Text in ihren Computer und ändern sie diesen wie folgt ab:

a) Der Rechtsanwalt ist eine Frau und versucht sich gleich an den Eigenbrötler heran zu machen. Sie will ihn dazu bringen, mit dem Geld in die Kanzlei einzusteigen, die ihr gehört. Versuchen sie, einen deutlich flotteren, moderneren Schreibstil anzuwenden.

b) Der Arzt war zuvor aufgrund eines üppigen Lebenswandels in Geldnot geraten. Um den sozialen Abstieg zu verhindern, tötete er seine Frau, um mit deren Lebensversicherung die Schulden bezahlen zu können. Die Polizei hegt jedoch noch keinen Verdacht.

Hier nun der etwas altbackene Text:

*"Diese Journalisten leisten sich doch wirklich alles Mögliche!", sprach der Doktor, während er sich's in dem großen, mit Leder überzogenen Sessel bequem machte. Doktor Gerold liebte*

den Monolog von jeher als eine Art angenehmer Zerstreuung.

Er war ein Mann von fünfundfünfzig Jahren, mit feinen Zügen, lebhaften, durch die rahmenlose Designerbrille hervorblitzenden Augen und ernster, doch liebenswürdiger Erscheinung, kurz, er gehörte zu den Leuten, bei deren ersten Anblick man sich sagt: Das ist ein vorbildlicher Mann.

Auch in dieser frühen Morgenstunde zeigte sich der Doktor schon frisch rasiert und mit blendend weißem Hemd. In seinem Zimmer des Hotels VIER JAHRESZEITEN lagen die neusten Ausgaben verschiedener Tageszeitungen ausgebreitet.

Obwohl seine goldene Armbanduhr erst neun Uhr anzeigte, hatte der Doktor schon Zeit gefunden, einen Spaziergang am Ufer der Isar zu machen und, in sein Hotel zurückgekehrt, in den wichtigsten Tagesblättern den ausführlichen Bericht über die Verleihung der medizinischen Auszeichnung zu lesen, die er erst vorgestern erhalten hatte.

Doktor Gerold griff in die Seitentasche seines Anzugs und hielt die ihm gerade eben an der Rezeption überreichte Karte in der Hand. Er staunte darüber, in einer Stadt, wo er keinen Menschen kannte, Besuch zu erhalten. Das war umso merkwürdiger, als er auf dem kleinen, länglich-viereckigen Kärtchen las:

Peter Stockhausen
Rechtsanwalt
München

Er konnte sich nicht vorstellen, was dieser Anwalt von ihm wollte.

"Was zum Teufel kann ich mit diesem Mann zu schaffen haben?", fragte er sich selbst.

Es war ein noch junger Mann, den der Doktor auf den ersten Blick als Angehörigen der großen Familie der Skelettmenschen erkannte. *Seine dünnen, oder vielmehr vertrockneten Lippen, die langen weißen Zähne, die unter der pergamentartig durchschimmernden Haut fast offen liegenden Schläfengruben, der mumienhafte Teint und die kleinen Augen mit ihrem wahrhaft stechenden Blick versetzten ihn unzweifelhaft in die Klasse jener, uns immer etwas abstoßenden Erscheinungen. Sein Skelett verbarg sich von den Fersen bis zum Hinterhaupt unter einem dezent karierten Anzug und in der Hand trug er eine Aktentasche aus Glattleder.*

*Diese Person trat ins Zimmer, grüßte flüchtig, legte die Tasche ab, setzte sich, ohne eine Aufforderung dazu abzuwarten, und sagte:*

*"Peter Stockhausen. Rechtsanwalt aus München. Ich habe doch das Vergnügen mit Herrn Doktor Gerold?"*

*"Ja, das haben Sie!"*

*"Roman Gerold?"*

*"Das ist mein Name."*

*"Aus Oldenburg?"*

*"Mein gewöhnlicher Aufenthaltsort."*

*"Ihr Vater hieß Hans Gerold?"*

*"Ganz richtig."*

*Stockhausen zog ein Notizbuch aus der Tasche und fuhr fort, den Lebenslauf von Gerolds Vaters und seiner Mutter abzulesen. Geschwister gab es keine. Dieser Mann hatte umfassende Kenntnis seiner Genealogie, verwunderte es den Doktor, und über verschiedene Punkte scheint er besser unterrichtet als ich es selbst bin.*

*"Ich schätze mich glücklich, Sie gefunden zu haben und als der Erste Ihnen meine Hochachtung entgegenzubringen."*

*Der Mann ist von Sinnen, dachte der Doktor, kommt ja bei Skelettmenschen häufiger vor. Der Anwalt erriet seinen Gedanken.*

*"Halten Sie mich um alles in der Welt nicht etwa für geistes-krank.", sagte er in auffällig gelassener Art. Zur Stunde sind Sie der einzig' bekannte Erbe des Vermögens Horst von Starnbergs. Die Nachlassenschaft betrug vor dreißig Jahren schon gegen fünf Millionen D-Mark. Das Geld ist aus Gründen, die ich Ihnen nicht nennen darf, weder angerührt noch aufgeteilt worden und in der Zwischenzeit auf rund achtundzwanzig Millionen Euro angewachsen. In einer Entscheidung des Gerichtes vor einer Woche wurde die Summe freigegeben. Da der Erblasser schon vor Jahren verstarb sind sie nun der Einzige, der über diese Summe verfügen darf. Von der Bank werden sich Morgen zwei Vermö-gensberater bei Ihnen einfinden. Zuvor muss ich jedoch den Be-weis Ihrer Abstammung beibringen."*

*Doktor Gerold war wie versteinert. Eine kurze Zeit lang fand er keine Worte. Dann erwachte aber doch der Geist des Zweifels wieder in seinem Innern, und da er diese Verwirklichung eines Traumbildes aus Tausend und eine Nacht nicht so ohne Weiteres anerkennen wollte, sagte er: "Nein, zuerst nennen Sie mir Be-weise für die Wahrheit dieser ganzen Geschichte! Wie sind Sie überhaupt auf meine Spur gekommen?"*

*"Die Beweisstücke befinden sich hier", erwiderte der Anwalt und klopfte dabei auf die Glanzledertasche. "Unsere Kanzlei wollte sich schriftlich bei Ihnen melden. Aber durch den Zei-tungsartikel erfuhr ich, dass sie gerade in München sind. Das macht es für mich einfacher."*

*"Für Sie vielleicht. Aber nicht für mich."*

## Regel 20 Fließgeschwindigkeit

Jedes Gewässer hat eine charakteristische Fließgeschwindigkeit. Auch Sie brauchen so etwas, wenn Sie ihren Text niederschreiben und merkwürdige Sprünge in der Handlung umgehen wollen. Es gibt durchaus Sprünge in Texten, die für den Leser nachvollziehbar sind. Manchmal sind sie es nicht. Als Autor sollten Sie es daher stets vermeiden, zu schnell voranzuschreiten, sonst kann später der Leser ihnen nicht mehr folgen.

Zu langatmige Geschichten oder gar Wiederholungen führen zu Langeweile. Also vermeiden Sie dies und finden Sie das richtige Erzählmaß. Gerade wenn man selbst wie eine Batterie aufgeladen ist und an bestimmten Tagen der Text wie von selbst aus einem herausfliest, sollte eine spätere Überarbeitung die Lesegeschwindigkeit des Buchkäufers berücksichtigen. Er sollte diesen Text aufnehmen können ohne dabei die Stirne zu runzeln oder, was überaus schlimmer ist, es gar aus der Hand legen. Auch aus diesem Grunde empfiehlt sich ein lautes Vorlesen.

Das Ergebnis ihrer Korrekturen sollte dazu führen, dem Käufer ihres Buches ein echtes Lesevergnügen zu bieten. Er soll es ja schließlich auch weiter empfehlen.

## Regel 21 Streichen von Text

Bei der ständigen Bearbeitung ihres Textes spielt die *Löschtaste* eine ganz besondere Rolle.

Denn es geht ja darum, eine ausufernde oder gar überladene Rohfassung in einen fließenden, leicht les-

baren Text umzuwandeln, die den Leser nicht lang-
weilt.

Streichen Sie das Unwichtige, um kraftvolle Literatur entstehen zu lassen. Verdichten Sie, aber nicht so-
weit, dass die Handlung leidet oder die Protagonisten
unscharf werden. Es ist schwierig genug, sie lebendig
werden zu lassen. Schreiben Sie stringent.

Spruch 21

*Autor, werde wesentlich!*

## ÜBUNG 21

Nehmen Sie sich einen längeren Text vor, den Sie
z.B. in der Wochenzeitung DIE ZEIT finden. Der Ar-
tikel über Verena Boos ist vielleicht in mehrfacher
Hinsicht geeignet, den Sie online unter www.zeit.de
finden. Beginnen Sie mit dem Streichen. Löschen Sie,
was ihnen darin überflüssig erscheint. Dann formulieren Sie um, was übrig geblieben ist.

Ist der Text nun besser geworden? Haben Sie das
Wesentliche aus dem Ursprungstext extrahiert, ohne
dass die Verständlichkeit leidet?

Suchen Sie im Internet, z.B. auf www.interview.de,
nach Interviews. Haben Sie etwas Interessantes gefunden, dann löschen Sie Überflüssiges und formulieren
schärfer.

## Regel 22 Die richtigen Proportionen

Die Proportionen eines Textes, also die Wichtung der Bestandteile eines Romans sind verantwortlich für dessen Schwerpunkt. Haben Sie vor, nur wenig Dialoge und viel Beschreibungen zu verwenden, dann wird ein anderer Roman enstehen, als wenn Sie es andersherum anstellen. Achten Sie darauf, sich nicht in *nutzlosen* Nebenhandlungen zu verlieren.

Spannende Szenen bedürfen eines Vorlaufs. Sie müssen sich entwickeln. Der Leser will nur selten überrumpelt werden.

Umständliche Schilderungen können Sie vielleicht eleganter in einen Dialog umwandeln (siehe Regel 34) und voraussehbare, blutleere Dialoge besser in Subtext. Subtext ist eine Beschreibung hinter der Beschreibung. Das können z.B. politische oder geschlechterspezifische Botschaften oder aber auch verdeckte, nur Insidern bekannte Hinweise sein. Auch die Identifikation des Lesers mit den Figuren oder die Vorstellung des Konflikts kann über den Subtext gesteuert werden.

Markieren Sie die Textpassagen, die Sie für bestimmte Szenen verwandt haben und notieren Sie sich die errechnete Anzahl der Worte oder Zeilen in einer Liste. Ihre zentralen Figuren sollten dabei immer ganz oben stehen. Der geistige Wert ihres Textes ist seine Wichtung und Ordnung. Die richtige Reihenfolge ihrer Kapitel legt man am Besten zu Beginn mit Moblas an, wobei es nicht ungewöhnlich ist, die Kapitelfolge auch während des Schreibens umzustellen.

## Regel 23 Moblas: Ordnung & Handlung - Der Plot

Ihre Geschichte muss prinzipiell glaubhaft und plausibel sein. Ordnung, Aufbau und Handlung sind die Werkzeuge zur Glaubhaftigkeit ihrer Story.

Stimmen die Fakten? Damit sind auch solche Fakten gemeint, die Sie selbst entworfen haben. Wurde gründlich recherchiert?

Ist die Handlung logisch? Ist die Geschichte insgesamt und sind auch die einzelnen Geschichtchen darin glaubhaft?

Diese Fragen muss man auch dann stellen, wenn man einen Science Fiktion, einen Horror- oder einen fantastischen Roman schreibt. Es geht hier um die innere Stimmigkeit und Glaubhaftigkeit. Damit sind die Anordnung der Szenen, der Geschehnisse und das zeitliche Auftauchen der Figuren gemeint. Gehen Sie äußerst selbstkritisch zu Werk. Einen Fehler verzeiht man ihnen nicht. Auch aus diesem Grund ist das Testlesen von Freunden unumgänglich.

Zufälle gehören nur in die ersten zwei Kapitel. Ab dann haben sie Hausverbot in ihrer Romanmanufaktur. Insbesondere darf der Schluss ihres Buchs nicht durch einen dummen Zufall zustande kommen.

Wie behält man nun Überblick über einen großen Text?

Das gelingt ihnen elegant Mithilfe von Moblas. Damit beherrschen Sie ihren Handlungsstrang. Auf einem großen Blatt Papier, DIN-A3 sollte es schon sein, und mit einem weichen Bleistift können Sie nun ihre Handlung von oben nach unten entwickeln.

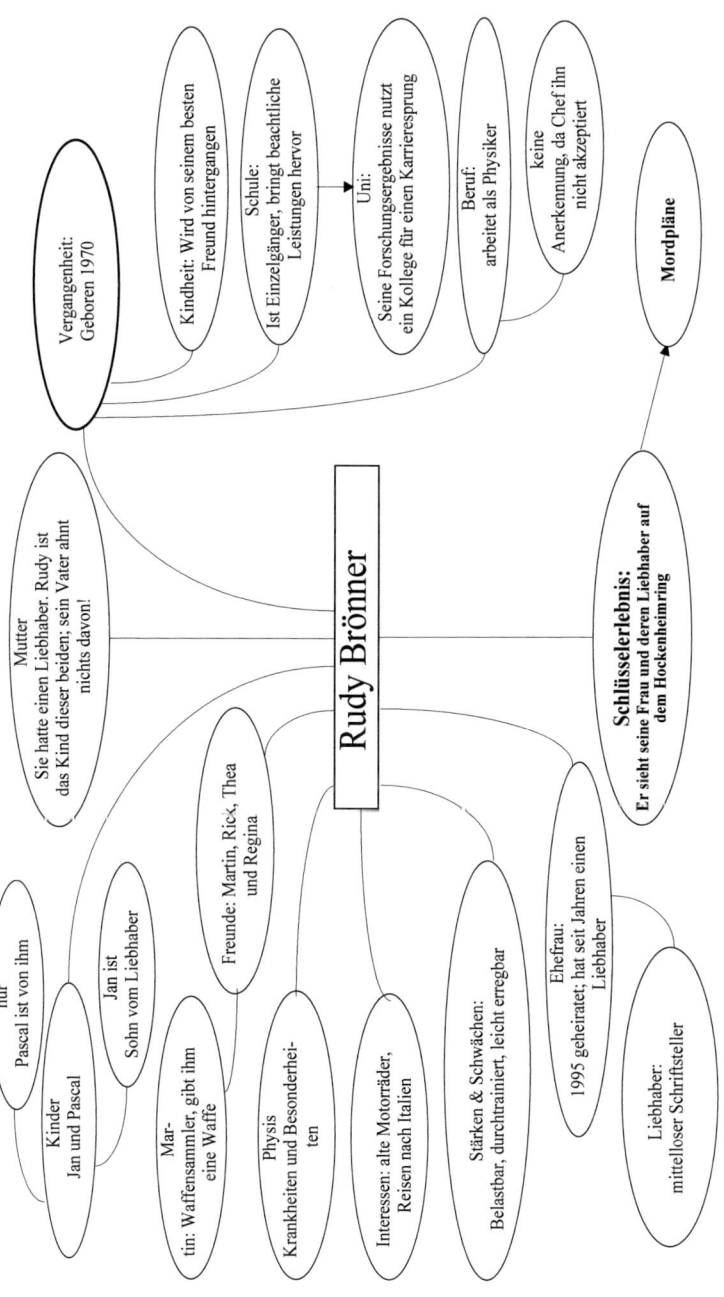

**Rudy Brönner**

Vergangenheit: Geboren 1970

Kindheit: Wird von seinem besten Freund hintergangen

Schule: Ist Einzelgänger, bringt beachtliche Leistungen hervor

Uni: Seine Forschungsergebnisse nutzt ein Kollege für einen Karrieresprung

Beruf: arbeitet als Physiker

keine Anerkennung, da Chef ihn nicht akzeptiert

**Mordpläne**

Mutter
Sie hatte einen Liebhaber. Rudy ist das Kind dieser beiden; sein Vater ahnt nichts davon!

Kinder
Jan und Pascal

nur Pascal ist von ihm

Jan ist Sohn vom Liebhaber

Freunde: Martin, Rick, Thea und Regina

Martin: Waffensammler, gibt ihm eine Waffe

Physis
Krankheiten und Besonderheiten

Interessen: alte Motorräder, Reisen nach Italien

Stärken & Schwächen:
Belastbar, durchtrainiert, leicht erregbar

Ehefrau:
1995 geheiratet; hat seit Jahren einen Liebhaber

Liebhaber:
mittelloser Schriftsteller

**Schlüsselerlebnis:**
**Er sieht seine Frau und deren Liebhaber auf dem Hockenheimring**

## Ilona Jena

## Detektiv Breitfuss

**1. Kapitel**
Ilona, ihre zentrale Figur verliert Arbeit und Ehemann Fred

**2. Kapitel**
Ilona versucht die Hintergründe der Trennung zu begreifen und schaltet einen Privatdetektiv ein

**3. Kapitel**
Ilonas Ex-Mann ist zu Geld gekommen. Aber wie?

**4. Kapitel**
Ilonas erfährt, dass es ihre beste Kollegin Tina ist, die mit Fred abgehauen ist

**5. Kapitel**
Fred und die Neue haben auf Lanzarote ein Privathotel erworben

**6. Kapitel**
Ilona nimmt Urlaub und fliegt nach Lanzarote, nachdem sie auf die weiteren Dienste von Breitfuss verzichtet

**7. Kapitel**
Auf Lanzarote will Ilona ihren Ex zur Rede stellen. Der aber liegt tot im Hotelpool

**8. Kapitel**
Ilona wird vorübergehend als Tatverdächtige festgenommen, ihre Ex-Kollegin Tina setzt sich überraschend für sie ein!

**9. Kapitel**
Auf Ilona und Tina wird ein Mordanschlag verübt, der aber vereitelt wird

**10. Kapitel**
Ilona und Tina finden heraus, dass der Tote Fred durch kriminelle Machenschaften zu viel Geld gekommen ist. Im Hotelsafe liegen mehrere Millionen Euro. Es stellt sich heraus, dass Breitfuss hinter dem Geld her ist (von einem Millionenraub), nachdem dieser herausfand, um welche Summe es sich handelt. Es kommt zu einem spannenden Kampf auf Leben und Tod zwischen Breitfuss und den beiden Frauen (Schauplatz Kaktus-Garten).

Dabei ist das Hochkantformat zu empfehlen. Nebenhandlungen kann man nun graphisch wunderbar einflechten. Hängen Sie das Blatt neben ihren Computer. So behalten Sie immer den Überblick. Oft fängt der eigentliche Roman später an und die Vergangenheit klart sich danach Stück für Stück auf.

Gibt es zwei parallele Handlungsstränge, die im letzten Siebtel zusammenlaufen, kann man das graphisch gut darstellen (siehe Seite 60).

Damit wird deutlich, welche fundamentale Bedeutung die Struktur, also der Aufbau der Handlung (der Plot) hat. Neben der Entwicklung der Figuren, die darin eine Rolle spielen, sollte das ihr wichtigstes Arbeitsgebiet sein.

Der Plot ist die Summe der Bühnen ihrer Figuren. Welche Bühne wollen Sie an den Anfang stellen? Wo soll der Vorhang hochgezogen werden? Bei den meisten Krimis ist das der Fund einer Leiche. In der Story erhellt man die Handlung, die vor dem Mord stattfand, rückwirkend. Das muss aber nicht so sein.

Krimis und Spannungsromane bestehen immer aus *mindestens* zwei parallelen Handlungssträngen: die des Protagonisten und die des Bösewichts.

Die meisten Bücher beginnen nicht mit dem zeitlichen Anfang. Das wäre langweilig und entspricht dem Niveau "Mein schönstes Ferienerlebnis."

Die Reihenfolge ihrer Schauplätze, ihrer Szenen, muss für den Leser interessant sein. Haben Sie nur wenige Schauplätze, z.B. eine Gefängniszelle und einen Gefängnishof, dann sind Sie in der Pflicht, ihre ganze Kraft den Szenen zu widmen.

Oft wird die Spannung eines Buches durch eine ge-

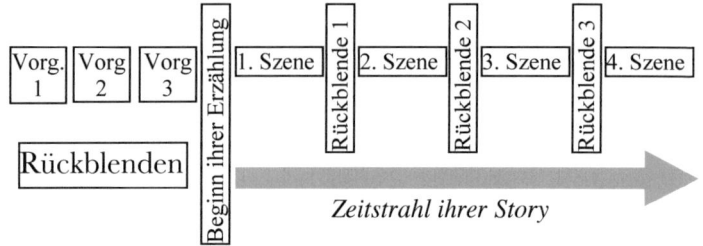

schickte Reihenfolge der Handlungen bzw. Szenen erreicht. Fangen Sie in der Mitte an, dann wählen Sie
Rückblenden (z.B. in Dialogen), um die Vergangenheit oder die Vorgeschichte ihrer Story zu erhellen
(siehe Graphik oben).

Auf diese Weise erhält der Leser die für ihn nötigen
Informationen stückchenweise. So wird der Höhepunkt vorbereitet, den jeder Roman braucht.

Wie kann man nun Ordnung in die Story bringen?
Wie behält man den Überblick?

Wie bereits erwähnt, gelingt das am einfachsten mit
einer strukturierten Zeichnung, mit modularen Blasen, so genannten Moblas.

In der Abbildung auf Seite 60 sehen Sie ein Beispiel
anhand von Ilona Jena. Schnell wird klar, in welche
Richtung sich die Story entwickelt. Nutzen Sie, wenn
Sie ihre Moblas anfertigen wollen, immer großforma-
tiges Papier oder die Rückseite einer Tapete. So gelingt es, auch Nebenhandlungen mit einzuflechten.

ÜBUNG 23

Nehmen Sie einen Roman, einen möglichst kurzen,

den Sie gut kennen, aus ihrem Regal und beginnen Sie, dessen Handlungsstrang auf einem DIN-A3-Blatt zu entwerfen. Links zeichnen Sie einen Zeitstrahl von oben nach unten ein. Achten Sie darauf, dass Sie das Kapitel 1 in die Mitte des Blattes zeichnen. Die nach und nach erhellte Vergangenheit setzen Sie nun auf den Zeitstrahl darüber, die Handlung auf den Zeitstrahl darunter. Wenn es keine Angaben wie Jahreszahlen oder Monate gibt, legen Sie diese willkürlich fest. Seien Sie davon überzeugt: Der Autor wusste zu jedem Zeitpunkt seiner Story Tag, Monat und Jahr genau.

## Regel 24 Kleine Charakterstudie

Die folgenden Persönlichkeitsstrukturen gibt es in reiner Form selten, meistens liegen auch hier Mischformen vor. Trotzdem möchte ich ihnen diese vorstellen, damit Sie ihre Figuren, ihre Charaktere besser beschreiben können.

Grundsätzlich unterscheidet man zwischen vier Persönlichkeitsstrukturen:

1. der schizoide Charakter
2. der depressive Charakter
3. der zwanghafte Charakter
4. der hysterische Charakter

Der **schizoide Charakter** geht eher beziehungslos und distanziert umher und zeigt scheinbares Desinteresse am Kontakt mit anderen. Er wirkt unzugänglich, scheinbar emotionslos, reagiert oft motorisch und psychisch linkisch, überschießend oder unangepasst und oft zu grob. Ihm fehlt es an Harmonie. Mitteltöne findet er selten. Mitgefühl oder Rücksicht sind ihm völlig fremd.

Seine rationale Seite ist also stärker ausgeprägt, wogegen das Emotionale verkümmert scheint. Trotzdem erfasst seine ausgeprägte und differenzierte Beobachtungsgabe die Eigenheiten und Schwächen anderer.

Da er den Missklang im Zusammenspiel mit anderen bemerkt, zieht er sich oft lauthals abwehrend zurück oder wehrt sich mit spitzen Bemerkungen. Seine Distanz bewirkt, dass er Aggressionen auf sich zieht. Nicht selten ist er schwarzes Schaf einer Familie oder Gruppe. Wutausbrüche sind ihm gut vertraut. Ein Scheitern kaschiert er dagegen mit Arroganz.

Er hat einen ausgeprägten Hang, eigene Wege zu gehen. Anordnungen versucht er zu umgehen. Autoritäten tritt er mit Respektlosigkeit entgegen.

Der schizoide Charakter fasziniert oft durch Überdurchschnittliche Leistungen in Spezialgebieten, weist dagegen aber gröbste Lücken in selbstverständlichen Dingen auf.

Der **depressive Charakter** gehört zu den Braven, ist ruhig und zurückgezogen und wird deshalb oft übersehen. Aufgaben erledigt er mit größtem Eifer, ist überall hilfsbereit und bringt ständig für andere was mit. Dahinter steht unbewusst der Wunsch, sich die Liebe der anderen zu erwerben.

Er hat also das Bedürfnis, es allen alles recht zu machen, was zu Überforderung führt, ist aber unfähig, seine eigenen Bedürfnisse wahrzunehmen. Solche Menschen neigen zur Bemutterung anderer, aber nur, um Zuwendung zu erhalten. Sie werden trotz ihres Liebseins nicht richtig anerkannt, zwar für nett, aber schwach angesehen und gerne ausgenutzt.

Offene Auseinandersetzungen machen ihm Angst. Er traut sich letztlich wenig zu und hat das Gefühl, nicht genug zu können. Ständig schuldbewusst, verunsichert und verzweifelt treten diese Menschen der Welt entgegen, wirken dabei naiv und kindlich.

Bei Schwierigkeiten sind sie wie gelähmt. Sie idealisieren Partner, Vorgesetzte oder Politiker und sehen über deren Schwächen hinweg.

Der **zwanghafte Charakter** ist ein durch und durch pünktlicher, sauberer und ordentlicher Mensch. Sie haben alle Sinne und Sachen beisammen, sind sparsam und ständig mit Geld und Besitz beschäftigt. Geld zählen ist ihm wichtiger als ein schönes Erlebnis.

Da er mit peinlicher Genauigkeit an alles herangeht (er plant gern und ausgiebig), verliert er oft den Überblick.

Gebote und Anordnungen erfüllt er übergenau, nimmt sie wörtlich und führt sie damit oft zum ad absurdum.

Im Kontakt mit Partnern und Vorgesetzten wirkt er korrekt und höflich, häufig unterwürfig oder gar lakaienhaft. Er ist zudem nicht selten langsam und trödelig.

Sein Verhalten zeigt oft etwas Steifes, Lieblingsschülerhaftes oder Gouvernantenhaftes.

Solche Charaktere können nicht genießen, sich nicht

gehen oder fallen lassen. Sie gehen offenen Auseinandersetzungen bevorzugt aus dem Weg und lassen sich Demütigungen weniger anmerken.

Dafür warten sie nach langer, genauer Vorplanung auf eine günstige Gelegenheit, um sich dann hinterrücks gezielt, auch brutal, am Gegner zu rächen. In ihm stecken viele versteckte Aggressionen und für andere kann er deshalb manchmal heimtückisch und sadistisch erscheinen.

Der **hysterische Charakter** ist lebendig und phantasievoll, ist sprühend vor Ideen und liebt das Abenteuer. Er will ständig im Mittelpunkt stehen, egal worum es geht. Dabei zeigt er Wendigkeit und verbale Geschicklichkeit und kann deshalb das große Wort führen. Er liebt große Auftritte und entsprechende Theateraufführungen. Meist hat er Tendenz zur Geltungssucht und zum Exhibitionismus.

Regeln sind für andere, nicht für ihn. Verwarnungen nimmt er kaum zur Kenntnis. Es sind immer die anderen schuld, deren Taten er übertrieben aufbauscht und ausschmückt, wobei er den eigenen Anteil dabei verleugnet oder verschweigt.

Schlechte Erlebnisse nimmt er sonst eher gelassen hin. Nach kurzer Verschnaufpause vertraut er wieder optimistisch auf das nächste Mal. Geht mal wirklich alles schief, flüchtet er unbewusst in die Krankheit.

Seine Wahrnehmung ist äußerst lückenhaft, tendenziös gefärbt, verzerrt mit naivem Weltbild.

Er neigt dazu, ausschließlich den eigenen Standpunkt zu sehen. Im Extremfall flüchtet er sich in angenehme Tagträume. In Bezug auf seine Person ist der hysterische Charakter leicht erregbar und irritierbar.

Seine Tendenz, sich auf Kosten der anderen beliebt zu machen, indem er andere gegeneinander ausspielt, wurde schon unzählige Male beschrieben.

ÜBUNG 24

Zeichnen sie ein Quadrat. An die Ecken schreiben sie die gerade beschriebenen vier Charaktere. Nun weisen sie ihren Protagonisten die oben genannten Charaktereigenschaften zu. Je mehr diese in die Mitte des Quadrats wandern, umso komplexer und vielschichtiger, aber auch schwieriger darstellbar werden diese.

## Regel 25 Zeit

Wenn Sie ihre ersten Texte verfassen, schreiben Sie am besten in der Vergangenheitsform und aus der personalen Erzählperspektive heraus. Das bedeutet, Sie beschreiben ihre Protagonisten, als hätten Sie selbst im Publikum eines Theaters Platz genommen. Dabei beobachten Sie ihre Figuren wie Schauspieler. Aber Sie dürfen darüber hinaus noch von deren Innenleben berichten. Es sind ja schließlich ihre Geschöpfe.

Sie kennen also ihre Gedanken, Wünsche, Ängste, Gefühle, Sehnsüchte und Ziele. In jeder Szene oder in jedem Kapitel dürfen Sie die Erzählperspektive wechseln. Es sollten jedoch nicht mehr als zwei oder drei

Personen sein, deren Innenleben Sie nach außen tragen, sonst kommt nicht nur der Leser durcheinander.

Beispiel: Sie haben zwei Handlungsstränge, die gegen Ende zusammenlaufen (z.B. wie auf Seite 60 gezeigt). In beiden Handlungssträngen erzählen Sie vom Innenleben der jeweiligen Person. Schwierig wird es gegen Ende, wenn die Handlungsstränge verschmelzen. Da sollten Sie sich für einen entscheiden oder nur wenig Wechsel zulassen.

Vermeiden Sie die Form des Ich-Erzählers. Dies ist eine zusätzliche Herausforderung an jeden Autor und schränkt Sie als Anfänger nur unnötig ein.

Wie wird denn nun die Zeit selbst in Romanen geschrieben?

Beispiel: Der Zug soll um elf Uhr fünfundvierzig ankommen. Dies ist vielleicht sinnvoll in ihrer Story. Aber ist dies wirklich wichtig? Vermeiden Sie Zahlen, wo Sie können, es sei denn, das hat wirklich Bedeutung in ihrem Roman. Vergleichen Sie folgende Gegenüberstellung.

Was wäre in ihrem Text besser lesbar?

11:45 *oder* Sie betrat die Halle um viertel vor zwölf ...

11:45 *oder* Gerade als sie sich auf den Weg zur Kantine machte.

11:45 *oder* Am späten Vormittag lag er immer noch in seiner Koje, als der Skipper anrief.

23:42 *oder* Es mochte so kurz vor Mitternacht gewesen sein, als sie sich auf den Weg machte.

8:07 *oder* Es muss wohl so um acht Uhr gewesen sein, als sie den Schuss hörte.

20:07 *oder* Die Geschäfte hatten gerade geschlossen,

als eine schwarze Limousine ...

20 Minuten später *oder* Kurz darauf verlies sie das Bürogebäude, um ihn an der U-Bahn abzupassen.

In 55 Minuten *oder* Innerhalb einer Stunde wollte er wieder zurück sein.

### Das Umschreiben von Zeiten:

Als der Himmel am Horizont begann, sich rötlich zu färben ···

Die Lichter der Stadt funkelten schon, als ···

Als die Kerze zur Hälfte abgebrannt war ···

Wenige Atemzüge später stand er schon neben ihr.

### Das Verknüpfen von Zeiten:

Der Postbote war noch nicht gekommen, da warf jemand Fremdes einen auffällig großen schwarzen Umschlag durch den Briefschlitz ...

Panisch griff sie zur Flasche mit ihren Herztropfen, die sie immer kurz vor den Mahlzeiten einzunehmen hatte ...

### Das Bewerten von Zeiten:

In den nächsten qualvollen Minuten wagte sie nicht, auf die Instrumententafel zu schauen ...

Ein viel zu kurzer Sommerabend ...

### Regel 26 Die Kernaussagen (Prämissen)

Jede Romanfigur und jeder gute Schauspieler haben so etwas: Die Kernaussage. Sie besteht immer aus zwei Teilen, sonst ist es keine richtige Prämisse. Der erste Teil ist eine Aussage über die jeweilige Figur, der zweite ist ein Hinweis auf das Problem, auf den Konflikt.

Prämissen sind also so etwas wie eine Theorie, ein Leitmotiv, das es zu beweisen gilt. Haben Sie für ihre Figuren Leitmotive, also Prämissen, gefunden, muss sich ihr Roman daran halten. Ist das nicht der Fall, sind Sie gefordert, entweder die Prämisse, also ihre Kernaussage, oder aber ihren Protagonisten anpassen.

Anhand des folgenden Beispiels wird dies deutlich: Sagen wir mal, ihr erster Roman hat den Arbeitstitel: *Der große Herr der kleinen Bohnen.* Ihre Hauptfigur ist der Großgrundbesitzer Alfonso. Ihm gehören gewaltige Kaffeeplantagen. Seine Aufgabe im Buch ist überschrieben mit: Die Gier des brasilianischen Großgrundbesitzers ist unersättlich.

Das klingt wie eine richtig brauchbare Prämisse, ist aber keine. Wenn wir weiter darüber nachdenken, erkennen wir, dass es besser wäre, es präziser zu benennen: Alfonso, der Großgrundbesitzer, ist gierig und unersättlich. Das führt (bei ihm) zu Einsamkeit und letztlich zu Selbstmord.

Das ist eine richtig gute Prämisse für einen Protagonisten. Der Handlungsaufbau wird dies unterstreichen.

Also wird irgendwann seine Frau mit den Kindern ausziehen, weil seine Gier keine Grenzen mehr kennt und weil selbst ehemalige Freunde wie Paolo sich mit Abscheu von ihm abwenden.

Für eine Kurzgeschichte ist eine einzige Kernaussage völlig ausreichend. Sie aber wollen ja gleich einen Roman schreiben. Dann sollte jeder ihrer Protagonisten eine eigene Prämisse mit durch ihre Geschichte heben. Das ist ein wenig so, als hätte jeder der Figuren einen eigenen Kompass. Der eine reagiert auf Herausforderung, der andere schlägt bei der großen Liebe aus und der dritte Kompass schwingt, wenn Anerkennung oder Ruhm in greifbare Nähe rücken.

Ihre Figuren sind ihre Geschöpfe. Alle sind abhängig von ihnen und ihrem Entwurf. Wichtig ist nur eines: ihre Protagonisten sind immer unbeugsam und lassen sich nur von ihrem Kompass leiten.

Also brauchen wir für unsere Geschichte aus Brasilien eine weitere Kernaussage. Wie wäre es mit einer von Paolo? Z.B.: Wenn dein bester Freund von der Gier besessen ist, dann ist ihm nicht mehr zu helfen und du musst ihm die Freundschaft kündigen.

Beispiele weiterer Prämissen sind:

• Eitelkeit führt zu kränkender Einsicht in die eigene Unvollkommenheit.

• Besitz ergreifende Liebe führt zu Mord.

• Unerfüllte Liebe führt zu großer Kreativität und letztlich zu künstlerischem Erfolg.

• Rücksichtsloser Ehrgeiz führt zu Verlust der Lebensfreude.

• Übertriebenes und ständiges Misstrauen führt dazu, die große Chance seines Lebens zu verpassen.

• Eifersucht führt dazu, verlassen zu werden.

• Liebevolle Hinwendung führt zu Anerkennung.

Aber auch das Gegenteil dieser Prämissen kann richtig sein. Es kommt auf ihre Figuren in ihrer Geschichte an.

Ihre Hauptfiguren wissen genau, was sie wollen. Sie reagieren immer mit voller Leistungsfähigkeit. Sollte dies Mal nicht der Fall sein, schreiben Sie den "schwachen" Absatz neu, sodass ihr Akteur wieder voll dabei ist. Man akzeptiert nur Romanfiguren, die geistig immer ganz da sind.

Der Leser erkennt Figuren als dreidimensional an, wenn diese fünf Wesensmerkmale aufweisen:

1. die sprachliche Präsenz der Figur. Ausdruck, Wortwahl usw.

2. die körperliche Präsenz wie Statur, Kopfform, Haut und Haar, Aug' und Ohr, Gang, Bauch, Beine, Po, Hände, Finger, Busen und Kleidung, Geruch, Make-up, Schmuck, Kleidung, Schuhe, Behinderungen usw.

3. die intellektuelle Präsenz wie Auffassungsgabe, Scharfsinn, Witz, Esprit und die Gesinnung. Wie ist jemand "programmiert".

4. die seelisch-geistige Präsenz wie Temperament, Einstellung, Lebensaufgaben, Klarheit im Denken und Handeln, seelische Stärke und Durchsetzungsvermögen.

5. die soziale Verknüpfung. Darunter sind das Elternhaus, die Familienverhältnisse, die Freunde, Partner, Geschwister und Kollegen zu verstehen.

## Regel 27 Kontrollen der Kernaussage

Jedes ihrer Geschöpfe betritt ihre Romanmanufaktur mit seiner Kernaussage und behält sie über die ganze Geschichte bei. Die Summe der Kernaussagen schlängelt sich um den goldenen Faden ihrer Story wie Lametta um einen Christbaum bis hinauf in die Spitze.

Nun beginnen Sie mit der Prüfung der Kernaussagen. Das ist wichtig für die Stimmigkeit der Figuren. Wurde zu Beginn ein Mörder auf frischer Tat beschrieben und heiratet dieser im letzten Kapitel die Frau des Getöteten, dann möchte man seine Prämisse verstehen.

Hat also jede ihrer Figuren eine glaubhafte Prämisse und wird diese auch ausreichend erklärt (Historie) oder beschrieben (Episoden)?

Wird das, was wichtig ist, auch genügend gewichtet? Wurde dies klar genug dargestellt? Erscheint es an der richtigen Stelle?

Hat das, was weniger wichtig ist, auch nur wenig Platz zugewiesen bekommen?

ÜBUNG 27

Lassen Sie in ihrem Textverarbeitungsprogramm die Worte zählen, die Sie für bestimmte thematische Abschnitte verwendet haben. Wurde der Einführung ihrer wichtigsten Figur in ihrer Geschichte auch genügend Platz eingeräumt? Vergleichen Sie das Ergebnis mit dem anderer Figuren.

### Regel 28 Die zehn Elemente ihrer Story

Die zehn wichtigsten Elemente beim Schreiben eines Romans, die Sie beherrschen sollten, sind:

1. Ihre dreidimensionalen Figuren; Regeln 12 & 24
2. Die Kernaussagen (Prämissen); Regeln 26 & 27
3. Das Dilemma (das Problem, die Krise); Regel 30
4. Die Entwicklung eines Konflikts; Regel 29 & 44
5. Anordnung der Handlung, Plot; Regeln 22 & 23
6. Die Angst und der Angriff; Regel 31
7. Der Wandel einer Hauptfigur; Regel 32
8. Der Höhepunkt im letzten Siebtel; Regel 35
9. Die Zuspitzung des Konflikts; Regel 30
10. Die Auflösung des Konflikts; Regel 51

### Regel 29 Ihre Figuren und Gegenspieler

Ihre Figuren ziehen den Leser durch die Geschichte. Dabei wird für ihn das Denken, Fühlen und Handeln der Personen zunehmend verständlicher und die Figuren werden ihm vertraut.

Die zu ihren Protagonisten völlig entgegen gesetzten Charaktere, die durch ihre Handlung wie aneinander gebunden erscheinen, verursachen Konfliktsituationen. Das erst ist die Kraftquelle für ihre Geschichte und damit ein Garant für Krisen und Katastrophen. Die völlig konträren Figuren fächern das Spielfeld für ihre Handlung, für ihre Geschichte, auf.

Beispiele:

Eine Spielerin hat sich in einen Erbsenzähler verliebt. Da kann jetzt alles Mögliche passieren. Es hängt ganz von ihnen und ihrem Plot ab.

Eine Umweltaktivistin wird vom Geschäftsführer eines Chemiekonzerns angefahren.

Ein Mauerblümchen, sie arbeitet in einer Gärtnerei, erlebt ihre erste große Liebe mit einem erblindeten Kriegsveteran aus dem Kosovo.

## Regel 30 Das Dilemma und der Konflikt

Die dreidimensionalen Hauptfiguren beinhalten alle wesentlichen Protagonisten einschließlich der Gegenspieler. Der Konflikt sollte sich in ihrer Geschichte entwickeln. Das kann zunächst mit Gegensätzlichkeiten beginnen (der eine ist Aufseher im Nationalpark Hochharz, der andere ein Feuerteufel aus Göttingen, der sich am Anblick lodernder Flammen ergötzt). Dann kommen Angst, Eifersucht, Gier, Hass, Skrupellosigkeit, Handgreiflichkeiten, Totschlag oder Mord hinzu. So führt das Dilemma zur Krise, und schließlich weiter zum Konflikt.

Dem Konflikt wird nie ausgewichen, weil etwas ihre Protagonisten zusammenhält. Ihnen sollte es gelingen, genau das glaubhaft zu entwickeln.

Unweigerlich spitzt sich der Konflikt im letzten Siebtel zu. Eine Entscheidung wird immer greifbarer. Aber der Leser darf diese nicht erahnen. Das nimmt ihm die ganze Freude am Lesen. Es müssen stets viele Wege glaubhaft sein. Legen Sie kleine Fallen für den Leser aus, die ihn in die Irre leiten und überraschen Sie ihn dafür mit einem wirklich furiosen Ende.

### Regel 31 Angst und Angriff

ANGST ESSEN SEELE AUF war der Titel eines Films von Rainer Werner Fassbinder. Angst kann einen Menschen, also sein Selbstbewusstsein und seine Gefühlswelt vernichten. Angst kann ihn aber auch wachsam machen. Angst ist also vielschichtig und damit bestens für einen Roman geeignet.

Die Geschichte jedes Menschen lässt immer neue Versuche erkennen, Angst zu bewältigen, zu vermindern, zu überwinden aber auch zu nutzen, um andere zu führen. Angstfreie Menschen gibt es nicht.

Das Annehmen und das Meistern von Angst lassen uns reifen. Wir werden gelassener. Die Dinge, die Angst ausgelöst haben, bekommen einen geringeren Stellenwert.

Lassen Sie ihre Figuren reifen. Sie stellen sich ihren Ängsten, kämpfen dagegen an.

Wie Sie es schreiben, liegt an ihrer Prämisse, am Protagonisten und am Plot. Und ihre eigene Angst vor dem Schreiben schicken Sie auf eine lange Weltreise.

## Regel 32 Wandel der Figuren

Der Wandel ihrer Protagonisten hängt eng mit deren Prämissen und Ängsten zusammen. Die zentrale Frage ist dabei stets das Warum. Nichts auf dieser Welt geschieht ohne Grund. Jeder Mensch hat seine Motive, Leitlinien, Prämissen, Programme und Vorurteile.

In den Kernaussagen (Regel 26) ihrer Figuren ist bereits die Wandlung enthalten.

Formulieren wir eine Kernaussage wie z.B.: *Viele schlechte Erlebnisse mit Männern führen zu Misstrauen und Einsamkeit. Aber wenn man lernt, das Misstrauen zu überwinden, kann auch die Einsamkeit überwunden werden.*

Ihre Figur, nennen wir sie Marion, ist eine Frau in den besten Jahren. Sie lebt allein, weil sie bisher immer an den Falschen geraten ist. Das machte sie zunehmend misstrauisch gegenüber Männern. Schließlich entwickelte sie vor jeder Liaison panische Angst. Sie wirkte schließlich abgebrüht und vermied jede Annäherung an das andere Geschlecht. Im Laufe ihrer Story wächst das Misstrauen immer weiter. Doch eines Tages gerät sie an einen Mann, der Marion versteht. Sie überwindet ihr Misstrauen, geht mit ihm in eine andere Stadt und beginnt ein neues Leben an seiner Seite.

Wenn Sie ihre Figuren gut kennen und es ordentlich zu Papier bringen, erlebt auch der Leser die Wandlung als glaubhaft, als realistisch.

Mehr können Sie nicht erreichen.

## Regel 33 Unsere Gefühle und Sinne

Die fünf Dimensionen unserer Sinne liefern den Stoff, aus dem das Abenteuer unseres Lebens gemacht wird!

Ständig entdecken und erleben wir die Welt um uns herum mit unseren Sinnen. Als Autor sollten Sie daran interessiert sein, ihre Sinne zu benutzen und zu schärfen. Gehen Sie in ein Museum und schauen Sie sich die unterschiedlichen Farbnuancen eines Ölbildes an, betrachten Sie die Oberfläche von Plastiken, gehen Sie durch einen Wald und achten Sie auf die Vielzahl der Geräusche.

Es ist nahe liegend, dass die Art und Weise, wie Sie schreiben, davon abhängt, wie Sie ihre eigenen Sinne füttern.

Jeder gesunde Mensch verfügt über fünf Sinne. Das wusste schon Aristoteles. Manche Menschen bevorzugen visuelle Erfahrungen, andere auditive und wieder andere kinästhetische. In unserem europäischen Kulturkreis überwiegen visuell und auditiv geprägte Menschen. Das Schmecken und das Riechen sind leider nur selten genutzte Hauptwahrnehmungskanäle.

Mithilfe unserer Sinne lassen wir innere Bilder entstehen (siehe auch Regel 40), speichern ganze Konzerte ab (es reicht oft ein winziger Ausschnitt, um zu wissen, um welches Musikstück es sich handelt), und uns gelingt es, sich an längst vergangene Berührungen, Gerüche oder Geschmack zu erinnern. Damit verbunden sind oft auch intensive Gefühle.

Gefühle sind subjektiv und ganzheitlich, d.h. sie betreffen alle unsere Sinne. Die Gefühle aktivieren letztlich die in unserem Kopf gespeicherten Verhaltens-muster (Wie ist jemand programmiert?).

Jeder Mensch fühlt anders. Trotzdem gibt es überge-ordnete Gefühlsströmungen, die eine Gruppe von Menschen, also z.B. ihre Protagonisten zusam-menschweißen kann.

Emotionen und Gefühle dürfen **nicht** miteinander verwechselt werden. Während Emotionen ungefiltert, ungehemmt und ungestüm ausbrechen sind Gefühle höherwertiger und ganzheitlicher und beschreiben das subjektive Erleben.

Auf das erste Gefühl kann man sich oft verlassen. Stimmungen sind im Vergleich zu Emotionen länger anhaltend, werden aber als nicht so intensiv erlebt.

Jede ihrer Figuren besitzt also ein unterschiedliches Bild von seiner Welt und verfügt darüber hinaus über eine komplexe, eigene Gefühlswelt. Und ihnen sollte es gelingen, genau dieses ihren Lesern plastisch zu übermitteln, so dass es nachempfunden werden kann.

Spruch 33

*Der Mensch ist eine Sonne.*
*Seine Sinne sind seine Planeten.*
*Novalis*

ÜBUNG 33A

Der visuelle Kanal unterscheidet sich in vier Aspek-te, die Sie ihren Lesern darlegen können: Farbe, Form, Raum und Bewegung.

Die Farbe eines Körpers entsteht durch Reflektion

des Lichtes auf dessen Oberflächen. In einem Granatapfel ist eine Vielzahl an Formen und faszinierenden Linienführungen zu erkennen. Immer wieder entdeckt man aber auch die Wiederholung visueller Muster in der Natur. Die Farben und Formen bewirken unterschiedliche Gefühle.

Wenn Sie ihren Schauplatz beschreiben, beschreiben Sie immer zunächst einen Raum. Das Phänomen der räumlichen Wahrnehmung gelingt uns durch das geniale Zusammenspiel beider Augen. Bei klarer Luft auf einem Berg stehend erfassen wir die schier endlose Tiefe des Raumes.

Bewegung in allen Größenordnungen und Geschwindigkeiten können wir erkennen, selbst die langsamen der Himmelskörper. Unsere Augen sind in der Lage, auch kleinsten und schnellen Bewegungen wie der eines Fliegenbeins zu folgen.

Kinder sind in ihrer Beobachtungsgabe wunderbar unbeschwert. Besuchen Sie genau so unbeschwert einen Marktplatz und halten Sie alles in ihrem kleinen Büchlein fest. Viele ihrer Beschreibungen werden Sie später in ihrem Roman nutzen oder als Anregung verwenden können. Nehmen Sie diese Übungen ernst. Diese helfen ihnen dabei, ihr Buchprojekt auf eine breitere Basis zu stellen.

Fangen Sie an mit:

*Im Schoß der Stadt, die unter einer freundlichen Samstagmorgensonne glitzerte, waren die Verkäufer auf dem Marktplatz schon fleißig damit beschäftigt, den vielen Wünschen ihrer Kunden nachzukommen. ...*

ÜBUNG 33B

Der auditive Kanal ergänzt oft unsere optische Wahrnehmung der Wirklichkeit. Im Unterschied zum visuellen Kanal erfasst das auditive System alle Richtungen gleichzeitig. Ihr Held ist also in der Lage, einen Angreifer von hinten zuerst mit den Ohren wahrzunehmen. Und Geräusche erreichen uns auch in der tiefsten Dunkelheit der Nacht. Dass das Gehör wichtig ist, erkennt man daran, dass es nie abgeschaltet wird.

Unsere Umwelt bietet zwei Arten von auditiven Reizen an: die auditiv-tonalen und die auditiv-digitalen. Tonale Reize sind Klänge, Geräusche, Musik oder der Tonfall von gesprochenen Worten. Sie können von jedem Lebewesen direkt gehört und verstanden werden. Bestimmte Lebewesen haben stark erweiterte Sinneskanäle. So kann der Delphin mit seinen Klick-Lauten seine Umgebung dreidimensional wahrnehmen. Und das auch in tiefster Dunkelheit.

Zum Lesen benötigen wir das auditiv-digitale System. Hier geht es darum, einen Code zu entschlüsseln, nämlich den der Sprache. Die Aufnahme der geschriebenen Information geschieht über den visuellen Kanal. Da die gelesenen Worte aber Schriftzeichen sind, müssen diese decodiert werden.

Besuchen Sie ein Frei- oder Hallenbad oder einen ähnlich quirligen Ort. Schließen Sie die Augen zum Sonnenbaden und versuchen Sie, die Geräusche um Sie herum zu beschreiben. Fangen Sie an mit:

*Während meine Haut versuchte, sich unter einer dicken Schicht Sonnencreme zu verstecken und meine Augen sich rigoros weiger-*

*ten, in das helle Tageslicht zu schauen, drangen die verschie-*
*densten Geräusche an mein Ohr. ...*

## ÜBUNG 33C

Das kinästhetische Sinnessystem hat zwei Richtungen. So ist man einerseits in der Lage, in seinen Körper hineinzufühlen und andererseits mit unserer Haut
die Welt um uns herum zu erspüren.

Unsere Haut reagiert auf Berührung, Druck und
Temperatur. Die Hände spielen dabei eine ganz wesentliche Rolle, die wir leider viel zu wenig bewusst
wahrnehmen. So berühren Sie ständig ihre Compu-
tertastatur ohne es sinnlich zu bemerken. Erst beim
Streicheln der Katze mit ihrem weichen Fell, beim Erspüren des Ledersofas, auf dem man sitzt oder der
krustigen Oberfläche eines Brotes wird uns dieser fan-
tastische Sinn erst wieder deutlich.

Die Bewegung des Brustkorbs beim Atmen oder unseres Verdauungssystems und das Empfinden von
Lust und Schmerz werden auch über das kinästhetische System empfangen.

Gehen Sie in die Sauna und versuchen Sie, mithilfe
ihres kinästhetischen Sinnessystems ihre Eindrücke zu
beschreiben. Wenn ihnen das nicht liegt, gehen Sie zu
einem Viehmarkt und beschreiben dort ihre gefühlten
Eindrücke.

## ÜBUNG 33D

Unsere Nase (das olfaktorische Sinnessystem) ist
hoch kompliziert und versetzt uns in die Lage, unter-

schiedlichste Dinge wahrzunehmen. Das kann Bohnerwachs, Motorenöl, frisch gebackene Sachertorte, Blütenduft, Rasierwasser, ein angebrannter Toast oder eine verkohlte Leiche sein.

Kramen Sie in ihrem Gedächtnis und beschreiben Sie den besten Duft, der jemals ihre Nase berührte. Das Geruchsgedächtnis ist außerordentlich ausgeprägt.

ÜBUNG 33E

Der Geschmackssinn kann über Leben und Tod entscheiden. Das glauben Sie nicht! Dann fragen Sie mal nach, wovor Menschen, denen der Geschmackssinn abhanden gekommen ist, Angst haben. Etwas zu essen, das schlecht geworden ist, oder verschimmelt oder gar vergiftet. Damit hat auch dieser Sinn eine lebenswichtige Funktion.

Stellen Sie gedanklich ein perfektes, königliches Dinner zusammen, das auf der Wiese eines Lustschlosses serviert wird. Setzten Sie sich nun mit an den Tisch, um ihre Geschmackserlebnisse dabei zu beschreiben.

Fangen Sie an mit:

*Die Musik drang von weither an mein Ohr. Aber ich nahm sie nur unterschwellig wahr, denn der erste Gang eines üppigen Menüs stand kurz bevor ...*

### Regel 34 Monologe und Dialoge

Wenn Sie glauben, bestimmte Szenen im Film wären das Produkt von nur wenigen Minuten, dann täuschen Sie sich. Das Gegenteil ist richtig. Es werden oft Stunden oder Tage an nur wenigen Minuten eines Spielfilms gearbeitet. Ähnlich wird es sich auch mit ihren Monologen und Dialogen verhalten.

Dialoge sind wunderbare Mittel, ihrem Leser die Gedankenwelt der Figuren darzulegen. Sollen Sie auch noch gut sein, ist ein intensives Training nötig. Also fangen Sie an.

ÜBUNG 34

Der folgende Dialog könnte Teil eines Krimis sein. Mit ihrer Hilfe lässt er sich verbessern.

*Der Kommissar betrat mit Tina Kögler das kleine, liebevoll eingerichtete Wohnzimmer.*

*"Nichts von dem, was ich sage, muss so gewesen sein", betonte Till Brock, bevor er sich an das Sideboard lehnte. "Leider ist es am wahrscheinlichsten, dass er sich aus irgendwelchen, uns noch unbekannten Gründen umgebracht hat."*

*"Was weiß man schon über die Menschen?", antwortete Frau Kögler gelassen.*

*"Was wissen Sie denn über seine Vergangenheit?"*

*"Er war verschlossen und sprach fast nie über sich selbst. Andere Männer sind sehr von sich selbst eingenommen. Ich weiß nicht, ob das besser ist. Er hat von wunderschönen Dingen gesprochen, die mir nie zuvor jemand gesagt hat. Ich bin nicht in einer Familie aufgewachsen, wo man sich nette Dinge sagte."*

*"Sie haben danach nicht noch einmal den Versuch gemacht, einen anderen Mann zu finden?"*

*"Ich war schon über vierzig, als wir uns kennen lernten. Ich ging damals davon aus, dass ich als eine alte Jungfer enden würde und dass es einfach zu spät für mich sei. Ich hatte damals nichts außer einer leeren Wohnung. Er hat das geändert."*

So, jetzt sollten Sie versuchen, diesen Dialog zu verbessern. Mal sehen, ob ihnen das gelingt. Doch bevor Sie weiter lesen, schreiben Sie diesen Text um, und zwar so, das er mehr "Pfeffer" bekommt. Was halten Sie von der folgenden Variante?

*Der Kommissar betrat mit Tina Kögler das kleine, liebevoll eingerichtete Wohnzimmer. "So verstehen Sie doch. Ich sage nicht, dass es so war. Aber es ist ..."*

*"Ach hören Sie auf. Ich will von ihren Vermutungen nichts wissen."*

*"Nach so langer Zeit gehen wir aber davon aus, dass er sich wohl umgebracht haben muss."*

*"Was wissen Sie schon von ihm?", sagte Tina voller Argwohn. "Er war ein wundervoller Mensch. Vielleicht etwas verschlossen. Auch von sich sprach er fast nie. Aber ich mag die Typen nicht, die so sehr von sich überzeugt sind und dies ständig der ganzen Welt mitteilen wollen."*

*"Was hat Sie denn sonst noch so an ihm fasziniert?"*

*"Er sagte so wunderbare Dinge. Das war ich nicht gewohnt, auch nicht von zuhause."*

*"Diese Welt ist voll von Menschen, die nette Dinge sagen. Haben Sie denn die Suche aufgegeben, einen neuen Partner zu finden?"*

*"Als wir uns kennen lernten, war ich schon über dreißig. Ich fühlte mich damals sehr einsam in meiner Wohnung."*

*"Und wie fühlen Sie sich heute?"*

*Sie ging zum Fenster und betrachtete den dunstigen Nieselregen, der schon den ganzen Vormittag das Wetter bestimmte. Ein Zug fuhr, wie immer um diese Zeit, über die nahen Gleise und ließ sämtliche Blumentöpfe des Raumes leise vibrieren. Als die Geräusche verstummten, drehte sie sich um und antwortete mit ruhiger Stimme: "Wie ich mich heute fühle? Nicht mehr einsam. Er hat das geändert."*

Das ist doch schon deutlich besser. Tippen Sie diese Dialoge ab und ergänzen Sie, was ihrer Meinung nach den Wortwechsel und die Personen noch verständlicher macht. Wo kommen diese beiden Menschen zusammen? Was tun sie, während sie reden (Augen, Hände, Mund). Wie sind ihre Gefühle? Was für andere Geräusche könnten den Dialog begleiten?

Die 16-jährige, schwangere Jacqueline, deren Vater Handwerker ist, sucht Adoptiveltern. Durch eine Vermittlung besuchen Vater und Tochter schließlich erstmals ein gut verdienendes Ehepaar, das in einer riesigen Villa am Stadtrand von Stuttgart wohnt. Sie ist Chemikerin, er ist Pilot. Im Folgenden erfahren sie, wie ein müder Dialog lebendig wird.

1.) langweiliger Dialog:

*"Haben Sie Probleme mit Ihrem Pool? Da ist ja kein Wasser drin."*

*"Wir kommen nicht zum Schwimmen."*

*"Das sollten Sie aber. Ist gut für die Gesundheit. Aber wenn das Kind anfängt zu krabbeln, empfehle ich Ihnen, einen Zaun darum zu ziehen."*

*"Ja, daran haben wir auch schon gedacht. Dem Kind soll*

*nichts zustoßen. Da werden wir schon aufpassen."*

*"Das hoffe ich."*

So einen Dialog hat man nach einer Millisekunde wieder vergessen. Bringen sie "Pfeffer" in den Text. Bauen sie einen kleinen Spannungsbogen auf.

2.) verbesserter Dialog

*"Warum ist denn in dem Pool kein Wasser?"*

*"Wir kommen nicht zum Schwimmen."*

*"Verdammt. Sie kommen nicht mal zum Schwimmen und wollen das Kind meiner Tochter großziehen!"*

*"Wenn das Kind da ist, wird sich bei uns so einiges ändern, denke ich."*

*"Hören sie mir jetzt mal gut zu. Wenn das Kind da ist, wird sich nicht einiges ändern, sondern alles!"*

*"Bitte beruhigen Sie sich. Ich kann Sie ja gut verstehen. Aber ich versichere Ihnen, dass es dem Kind bei uns gut gehen wird."*

*"Das hoffe ich für Sie."*

3.) lebendiger Dialog

*"Warum ist in dem Pool kein Wasser?" Der Klempner hatte es mit einem schnellen Blick in den Garten festgestellt, bevor er sich zu seiner Tochter setzte, die bereits in der teuren, schneeweißen Sitzgarnitur Platz genommen und die Hände auf ihren dicken Bauch gelegt hatte.*

*"Wir kommen zeitlich einfach nicht zum Schwimmen", war die lapidare Antwort der Chemikerin.*

*Der Klempner sprang auf und ging wieder zum Fenster, schaute einen kurzen Moment hinaus, drehte sich dann um und holte tief Luft, bevor er antwortete:*

*"Verdammt. Sie kommen nicht mal zum Schwimmen und wollen das Kind meiner Tochter großziehen?"*

*"Wenn das Kind da ist, wird sich bei uns so einiges ändern",* antwortete sie automatisch.

*"Hören Sie mir jetzt mal gut zu. Es wird sich nicht einiges ändern, sondern alles!"* grollte er.

*"Bitte beruhigen Sie sich. Ich kann Sie ja gut verstehen. Aber ich versichere Ihnen. Dem Kind wird es bei uns gut gehen."* Die Stimme der Akademikerin zitterte kaum merklich. Sie richtete den Blick auf ihn, der einige flache Atemzüge brauchte, um ruhig zu antworten.

*"Das zu glauben fällt mir allerdings schwer."*

### Regel 35 Das letzte Siebtel

Im letzten Siebtel kommt der Roman auf den Punkt, bekommt Erdkontakt. Der Kreis schließt sich, die Prämisse wird erfüllt. Lesen Sie alle Seiten vom letzten Siebtel ihrer Geschichte.

Wurde alles, was Sie dort erwähnen, bereits weiter vorne vorbereitet? Fliessen jetzt die Fäden zusammen? Läuft der Spannungsbogen auf seinen Höhepunkt zu?

Wurde dieser Spannungsbogen frühzeitig vorbereitet und wird er lange genug gehalten?

Hier erwartet der Leser, dass sich die Verstrickungen verdichten. Machen Sie es ihren Protagonisten dabei nicht zu einfach. Werfen Sie ihnen Knüppel zwischen die Beine.

Drei grundsätzliche Vektoren spielen im letzten Siebtel eine Rolle:

**Kraft**: Damit ist die Kraft gemeint, das Dilemma zu überwinden. Der Gedemütigte, der Unterdrückte, der Ausgenutzte, der gefangen gehaltene Protagonist nimmt all seine Kraft zusammen und stellt sich seinem Widersacher.

**Zeit**: Die Uhr tickt. Es muss bis zu einem bestimmten Zeitpunkt das Wichtigste erledigt werden. Die Bombe tickt! Der Ehemann fliegt nach Neuseeland zu seiner Geliebten. Die Maschine geht um 10:04 Uhr MEZ. Gelingt es der Ehefrau, noch rechtzeitig das zu erledigen, was erledigt werden muss.

**Raum**: Es muss ein Weg begangen werden, der Hindernisse bereithält. Ein verminter Sumpf liegt vor dem Ziel. Eine verschlossene Stahltür hält ihre Figuren auf. Ein Fluss mit tödlichen Bestien muss überquert werden. Ein Mann muss wieder Kontakt zu seinem Bruder aufnehmen, den er abgrundtief hasst. Ein Bruchpilot muss wieder eine Maschine fliegen, obwohl er geschworen hatte, dies nie wieder zu tun.

Auch eine Mischung aus den drei genannten Vektoren ist häufig zu finden.

Spruch 35

*In dir muss brennen, was du in anderen entzünden willst.*

*Aurelius Augustinus*

## Regel 36 Rückblenden

Stellen Sie sich vor, Sie fahren im Zug mit einer ihnen unbekannten Person. Sie finden es zunächst recht interessant, wenn sie ein wenig von der Vergangenheit ihres Gegenübers erfahren. Und zwar besonders dann, wenn es kurze, bedeutungsschwangere Geschichtchen sind, die das Wesen, das Denken, das Fühlen, den Seelenschmerz oder die Lebenseinstellung der Person widerspiegeln.

Wenn ihr Gegenüber dann ins Schwätzen abgleitet, wird die Person schnell langweilig und Sie verlieren im rasanten Tempo das Interesse. Tun Sie das nicht ihrem Leser an, der einen anstrengenden Tag hinter sich hatte und sich den ganzen Mist seiner Kunden oder seiner Kollegen anhören musste. Bieten Sie ihm eine bessere Qualität.

Qualität setzt sich immer durch. Schließlich soll der Leser ihr Buch auch weiterempfehlen.

Haben Sie einen komplizierten Sachverhalt oder Lebenslauf darzulegen, dann denken Sie an ihre Leser. Geben Sie ihnen die benötigten Informationen häppchenweise und immer dann, wenn Sie nötig werden. Wollen Sie eine besonders perfide Brandstiftung oder die gentechnische Analyse einer verkohlten Leiche beschreiben, dann dürfen Sie ihre Leser nicht mit Informationen überhäufen und auch nicht zu weit ausholen. Sie könnten leicht an zu großen Brocken ersticken. Führen Sie sie sanft dorthin, wo Sie sie haben wollen.

Wenn ihr Roman z.B. auf den finnischen Åland-Inseln spielt, müssen Sie ihrem Leser einiges über die

Besonderheit dieser fantastischen Inselwelt erzählen. Sie können dazu auch Hilfe bereitstellen. Ihre Protagonistin fährt mit einer Fähre nach Mariehamn und begegnet an Deck einem älteren Mann, der ihr detailreich aber ohne geschwätzig zu werden von diesen Inseln, ihren Menschen, ihren Gebräuchen und ihrer Sprache erzählt. Der Leser bekommt somit einen Vorgeschmack auf die Story, wird ohne viel historischen Ballast eingestimmt auf das, was da kommt.

## Regel 37 Verständlich schreiben

Schreiben Sie einfach und verständlich. Versuchen Sie nicht mit Gewalt poetisch zu sein, der Leser wird dies merken. Bleiben Sie sich treu, bleiben Sie authentisch. Dann finden Sie auch ihren Schreibstil.

Benötigen Sie mehr Lebenskraft für ihre poetische Ader? Dann beschäftigen Sie sich doch mit Kunstausstellungen, Theatervorführungen, Hörspielen, Gedichten und Kurzgeschichten. Das regt ihre eigene Fantasie an und für ihre poetische Ader ist das eine regelrechte Sauerstoffdusche.

## Regel 38 Gedichte schreiben

Versuchen Sie selbst Gedichte zu schreiben. Gelingt es ihnen nicht, dann schreiben Sie ein von ihnen bevorzugtes Gedicht ab. Darunter ziehen Sie einen dicken Strich. Jetzt beginnen Sie unter dem Strich die Bedeutung des Gedichts mit ihren Worten wieder zu geben. Welche eigenen Erlebnisse fallen ihnen dazu ein. Könnte dieses Gedicht in ihrer Story eine Bedeutung bekommen? Gedichte eignen sich besonders gut, die innere poetische Quelle sprudeln zu lassen.

ÜBUNG 38

Das folgende Gedicht eignet sich wie kaum ein anderes, das oben gesagte zu unterstreichen:

*Lebenslauf*
*Größer's wolltest auch du, aber die Liebe zwingt*
*All uns nieder, das Leid beuget gewaltiger, doch es kehret umsonst nicht*
*Unser Bogen, woher er kommt.*
*Aufwärts und hinab! Herrschet in heil'ger Nacht,*
*Wo die stumme Natur werdende Tage sinnt,*
*herrscht im schiefesten Orkus*
*Nicht ein Grades, ein Recht noch?*

*Dies erfuhr ich. Denn nie, sterblichen Meistern gleich, habt ihr*
*Himmlischen, ihr Alleserhaltenden,*
*Daß ich wüßte mit Vorsicht*
*Mich des ebenen Pfades geführt.*

*Alles prüfe der Mensch, sagen die Himmlischen,*
*Dass er kräftig genährt, danken für alles lern'*
*Und verstehe die Freiheit,*
*Aufzubrechen, wohin er will.*

*Friedrich Hölderlin*

## Regel 39 Fantasie

Ihr Buch sollte ein Bollwerk gegenüber der Pandemie der Fantasielosigkeit sein. Betreten Sie Neuland. Tauchen Sie ein in neue Welten. Erfinden Sie neue Handlungen und Verstrickungen. Und wenn Sie kopieren, dann tun Sie es richtig. Damit ist Folgendes gemeint: Versuchen Sie die Idee hinter einer Figur, einer Handlung oder eines Schauplatzes zu begreifen. Dies ist wie die Rezeptur einer Knetmasse. Jetzt verwenden Sie diese Rezeptur für ihre Story. Auf einmal werden Sie feststellen, wie schnell ihr eigener Kopf damit arbeitet und wie völlig neue Geschichten entwickelt werden können.

Für den Schriftsteller ist Fantasie stets wichtiger als Wissen. Und Anregungen bekommen Sie in der heutigen, multimedialen Zeit von überall.

## Regel 40 Bildassoziationen

Der spielerische Umgang mit inneren Bildern, die zu ganzen, zusammenhängenden Szenen verknüpft werden können, ist sehr entspannend. Es entsteht innwendig ein Assoziat, eine Folge von Bildern, denen man sich hingeben kann oder diese auch aktiv mitgestaltet. Beides ist möglich. Die inneren Bilder können mit Bildern aus der Außenwelt ergänzt werden. Für ihr Buchprojekt ist es fundamental wichtig, dass die Bilder stimmen und aktiv bleiben. Wenn Sie also Tage später wieder am Schreibtisch sitzen, werden Sie feststellen, wenn ihre Bilder intensiv waren, dass es ihnen nun leicht fällt, den Faden wieder aufzunehmen und weiter zu schreiben. Um diese Möglichkeit zu schützen, ist es wichtig, sich gegen die Bilderflut des Fernsehens zu stemmen, indem Sie die auf ein Minimum reduzieren.

Im Folgenden der Text eines Autors, der besonders wundervolle Bilder entstehen lassen konnte. Sein Genre war der Gruselroman. Der Auszug erfolgt mit freundlicher Genehmigung des Festa-Verlages, Leipzig.

Auszug aus DAS FEST von Howard Phillips Lovecraft; Necronomicon, 2007:

*Es war die Zeit des Julfestes, das die Menschen Weihnachten nennen, wenngleich sie tief in ihren Herzen wissen, dass es älter ist als Bethlehem und Babylon, älter als Memphis und die ganze Menschheit. Es war die Zeit des Julfestes und ich war endlich in die alte Küstenstadt gekommen, wo die Meinen schon früher gelebt und das Fest begangen hatten, als es verboten gewesen war; wo sie auch ihren Söhne bestimmt hatten, das Fest einmal in jedem Jahrhundert zu feiern, auf dass die Erinnerung an uralte Geheimnisse nicht in Vergessenheit gerate.*

(dann, wenig später während des Festes)

*Bestimmte Stadien des Rituals begleitete die Menge mit unterwürfigen Huldigungen, besonders wenn der Mann, der mich hergebracht hatte, das grauenerweckende Buch Necronomicon über den Kopf hielt. Dieses Vorgehen beschwor ein unvorstellbares, ungeahntes Grauen herauf, das mich beinahe auf den moosbedeckten Boden sinken ließ, erstarrt in einer Furcht, die nicht von dieser Welt noch von irgendeiner anderen kam, sondern einzig und allein aus der verrückten Leere zwischen den Sternen.*

*Einer Ohnmacht nahe und nach Luft ringend, blickte ich auf* den unheiligen Erebus titanischer Giftpilze, leprösen Feuers und schleimigen Wassers, und sah zu, wie die kapuzenverhüllte Menge einen Halbkreis um die flammende Säule bildete. Es war der Julbrauch, älter als der Mensch und bestimmt, ihn zu überdauern; der uranfängliche Brauch der Sonnenwende und der Verheißung des Frühlings nach der Zeit des Schnees; der Brauch von Feuer und Immergrün, von Licht und Musik. Und in jener stygischen Grotte sah ich sie den Brauch begehen; sah sie zu der ungesunden Flammensäule beten; sah sie Hände voll der ausgerupften, klebrigen Vegetation ins Wasser werfen, die im fahlen Feuerschein grünlich schimmerte.

Dies sah ich, und ich sah etwas konturlos Missgeformtes, das weit vom Licht entfernt dahockte und ekelhaft auf einer Flöte blies; und während das Ding spielte, glaubte ich, gedämpftes, widerliches Geflatter in der stinkenden Finsternis zu hören, in der ich nichts sehen konnte. Doch was mich am meisten in Furcht versetzte, war eine flammende Säule, die lavagleich aus abgründigen unlotbaren Tiefen heraufschoss und das salpetrige Gestein mit einem üblen giftigen Grünspan übergoss - dabei warf sie keine Schatten wie eine gesunde Flamme. In dieser ganzen kochenden Feurigkeit lag auch keine Wärme, sondern einzig und allein die Feuchtigkeit von Tod und Fäulnis.

Aus der unvorstellbaren Schwärze jenseits des brennenden Strahlens jener kalten Flamme, aus den Tartarusklüften, durch die sich die öligen Fluten unheimlich, tonlos und unbeschreiblich dahinwälzten, flatterte rhythmisch eine Horde zahmer, abgerichteter, schwingenschlagender Mischwesen heran, die kein gesundes Auge je gänzlich erfassen, kein gesundes Hirn je gänzlich erinnern könnte. Sie waren weder Krähen noch Maulwürfe, noch Bussarde, noch Insekten, noch Vampirfledermäuse oder verweste Menschenleiber, sondern etwas, das ich mir weder in Erinnerung rufen kann noch darf. Sie flatterten lahm einher, teils mittels ih-

*rer Schwimmfüße und teils mittels ihrer häutigen Schwingen; und als sie die Menge der Zelebranten erreichten, hielten die kapuzenverhüllten Gestalten sie fest, saßen auf und ritten eine nach der anderen über jenem lichtlosen Flusslauf entlang, hinein in Schlünde und Durchbrüche des Grauens, wo giftige Quellen entsetzliche und unauffindbare Wasserfälle speisen.*

Ist das nicht ein bildreicher Text voller Intensität und Energie. Das reißt den Leser unweigerlich hinein in diese Gruselstory.

Übung 40:

Schreiben Sie alle Verben, Hilfsverben und Eigenschaftswörter des obigen Textes in drei Spalten. Warum hat der Autor diese und keine anderen Worte gewählt. Dieser Text ist wohl kaum zu verbessern. Versuchen Sie es erstmals anders herum. Verwenden Sie einfachere, allgemeinere Worte und setzten Sie diesen Text neben den obigen. Sofort stellen Sie fest, dass nur der Originaltext in der Lage ist, das gruselige Gefühl des Schreibers in seiner ganzen Bildhaftigkeit auszudrücken.

## Regel 41 Recherchen

Sie wollen einen inhaltlich fundierten Roman schreiben? Dann sollten Sie sich kundig machen. Mit Wikipedia, einem Fachbuch, einem Reiseführer und mit Google-Earth ist das leicht möglich. In ihrer Stadtoder Gemeindebibliothek können Sie nach Belieben suchen und sich zusätzlich über die Fernleihe alles je Gedruckte ausleihen.

Ihre Handlung spielt in einem Braunkohlekraftwerk? Dann besorgen Sie sich Monografien und Bildbände. Eine zentrale Figur in ihrem Roman hat eine ungewöhnliche Krankheit? Lesen Sie Fachbücher darüber und besuchen Sie Vorträge oder Seminare. Nur so werden Sie Experte ihrer Schauplätze, Orte, Handlungen und Personen.

Schnell werden Sie dabei feststellen, dass Sie an Textstellen hängen bleiben, die für ihre Figuren oder Orte relevant sind.

So ist es bei Science Fiktion Literatur notwendig, den heutigen Stand der Zukunft zu kennen. Wie lebt man im Jahr 3000? Spinnen Sie aufgeworfene Gedanken in Fachbüchern weiter. Terraforming war z.B. so eine Literaturerfindung. Oder erfinden Sie eine neue Zukunft durch Mischen vorhandener Möglichkeiten der Wissenschaft (JURASSIC PARK). Seien Sie erfinderisch. Vielleicht dient ihre Technik-Schöpfung eines fernen Tages als Vorlage für ein reales Objekt. Das Atom-U-Boot Nautilus war so eine Literaturschöpfung von Jules Verne, die später Wirklichkeit wurde.

Ein Techno-Thriller verlangt vom Autor und vom Leser technisches Verständnis. DAS BOOT von Lothar-

Günther Buchheim war ein sehr gut recherchierter Roman und gerade auch deshalb so erfolgreich.

Bei einem Sex-Roman sollten Sie Bescheid wissen über das was Sie schreiben. Hier erwartet die Leserschaft eine anregende Handlung, anregende Dialoge und detaillierte Beschreibungen.

Auch bevor Sie einen Gruselroman in Angriff nehmen, sollten Sie gründlich recherchiert haben. Welche Mystik wollen Sie bedienen? Welche Ungeheuer und Gestalten sollen auftauchen? Das gleiche gilt für den Fantasy-Roman. Doch dieser benötigt wie kein anderer Typ innere Konsistenz. Sie erschaffen eigene Regeln, Wesen und Welten. Hier muss alles stimmen. Widersprüche nimmt der Leser ihnen übel.

Der Kriminalroman, dessen Handlung im hier und heute stattfindet, will ebenfalls gut recherchiert sein. Es gibt zahlreiche Fachbücher dazu. Woran erkennt man ein Arsen-Opfer? Was sind KO-Tropfen und wie wirken diese? Wann setzt die Totenstarre ein? Was sagt der Fliegenmadenfraß über die exakte Todeszeit aus? Warum führt man bei Drogentoten eine Schamhaaranalyse durch? Wie lange muss Erdgas vor der Zündung aus einer Leitung strömen, um das Reihenhaus samt Schwiegermutter in die Luft zu jagen?

Der Leser dankt es ihnen, wenn Sie gut recherchiert haben. Das gibt ihrer Story Gewicht, macht sie unterscheidbar und einzigartig.

## Regel 42 Humor

Humor ist immer etwas Unerwartetes. Das gilt leider nicht im umgekehrten Sinn. Am besten ist Humor, wenn er leichtfüßig daherkommt. Er ist so vielschichtig wie die Gesellschaft, aus der er stammt und die er beschreibt.

Ob ihr Buch nun humorvoll ist oder nicht entscheiden nur die Leser, niemals Sie.

Humorvolles lässt sich überall finden. Gerade die Tagespresse hat hier öfters was zu bieten. So war in der WESTFÄLISCHEN RUNDSCHAU folgendes zu lesen:

Eine bis aufs Skelett verweste Frauenleiche. Und ein Dorf im Schockzustand: Die Holzener haben schwer zu knabbern an dem grausigen Fund. ...

Der Humor umgibt uns tagtäglich. Lernen Sie, ihn zu entdecken und gestalten Sie daraus Episoden, Kurzgeschichten oder ganze Romane.

Den kurzen Dialog von Regel 34 kann man wunderbar in einen humorvollen Text umwandeln:

*Der Kommissar betrat mit Tina Kögler das kleine, liebevoll eingerichtete Wohnzimmer.*

*"Was hat Sie denn sonst noch so an ihm fasziniert?"*

*"Er hat mein Leben verändert. Vorher hat sich niemand für mein Leben interessiert."*

*"Für mich interessiert sich auch niemand. Das macht mir überhaupt nichts aus.", antwortete der Kommissar und drückte dabei sein Kreuz durch.*

*"Genau beides sieht man Ihnen irgendwie an." Frau Kögler begann, sich über ihn zu amüsieren.*

*Er verzog das Gesicht, als hätte er in eine Zitrone gebissen.*

*"Zurück zu Ihrem Ex. Gab es irgendetwas Auffälliges an*

*ihm, gab es irgendeine Besonderheit?"*
   *"Er konnte mir immer gut zuhören."*
   *"Das kann ich auch. Das ist schließlich mein Beruf."*
   *Tina Kögler zeigte mit dem Finger auf seinen Kopf und grinste, während sie antwortete.*
   *"Und warum haben Sie dann so kleine Ohren?"*

### Regel 43 Spannung und Action

Der Leser erwartet spannende Unterhaltung. Doch wie baut man nun Spannung auf?

Zunächst braucht ihr Plot einen Höhepunkt, den Sie schon im frühen Stadium ihres schreibenden Schaffens formulieren sollten.

Beispiel: Robert lebt im Hochharz, ist Umweltschützer vom Naturschutzbund und verbeißt sich mehr und mehr in eine Scheinwelt, in der die Natur über dem Menschen steht. Es beginnt erst mit kleinen Aktionen. Robert wird von einem seiner Kollegen als mutig und konsequent angesehen. Das motiviert ihn, weiteres zu planen. Robert schlitzt Reifen von Bikern auf, die durch seinen Wald fahren und das Wild stören, dann setzt er Autofahrern zu, später bringt er Leute um, die Müll im Wald ablagern oder illegal Tannenbäume fällen. Diese Toten legt er in eine Höhle. Als der Detektiv Breitfuss, von Roberts Halbschwester engagiert, ihm auf die Schliche kommt, erkennt er, dass Robert auf den Bundesbauminister ein Attentat vorbereitet. Der Umweltschützer will ihn erschießen, da dieser eine Autobahn quer durch den Nationalpark Hochharz plant.

Roberts Gegenspielerin ist seine angesehene und erfolgreiche Halbschwester, die in hoher Position beim Bundesgrenzschutz arbeitet. Ihr gelang es nicht, eine längere Partnerschaft zu jemandem aufzubauen. Schon von Kindheit an erhielt sie immer mehr Anerkennung als Robert, der aus erster Ehe stammt.

Robert war stets das schwarze Schaf in der Familie, hat keinen Schulabschluss und wird belächelt. Roberts Ehe wurde böswillig von seiner Schwester zerstört, da diese sein Glück nicht ertragen konnte. Doch er weiß von der Einflussnahme seiner Halbschwester nichts.

Roberts Prämisse könnte lauten: Wenn du nichts Herausragendes leistest, empfindest du dein Leben als sinnlos, da du keine Anerkennung erhältst. Das führt zu Zorn und Gewalt.

Im letzten Siebtel muss sich die Spannung Stück für Stück steigern. Dazu sollten Sie sich zunächst über ihre Schauplätze im Klaren sein. Dort müssen die zentralen Figuren unweigerlich aufeinander prallen. Das könnte doch z.B. die Höhle mit den Leichen sein oder einer der vielen heidnischen Plätze des Harzes. Aber auch das Ende der halbfertigen Autobahnbrücke bietet sich an. Welche Tageszeit wäre sinnvoll? Wird jemand sterben? Wenn ja, wer wird das sein? Wie wird die Szene beeinflusst, wenn seine Halbschwester plötzlich auftaucht? Welche Prämisse hat sie? Welche Prämisse hat ihr gesamtes Buch?

Wollen Sie zum Ausdruck bringen, das die Familie keine verlässliche Größe mehr ist und jeder nur auf seinen Erfolg achtet, dann führt das zu einem anderen Ende als die Vorstellung, dass Umweltschutz sinnvoll ist aber der Einsatz von Gewalt dabei keine Rolle spielen darf. Bevor ihre zentralen Aussagen und ihre Prämissen nicht klar sind, werden Sie kein glaubhaftes Ende zusammen bringen.

Arbeiten Sie auch hier mit Moblas. Das hilft ihnen bei der Strukturierung des letzten Siebtels.

Von einem Spannungsbogen spricht man, wenn man erkennt was der Protagonist vorhat und das Finale kommen sieht (Robert geht zurück in die Höhle, um dort die Leichen zu verbrennen, der Detektiv Breitfuss ist aber schon vor ihm da).

Jedoch müssen bis dahin einige Hindernisse überwunden werden und der Ausgang des Spannungsbogens darf nicht erkennbar sein. Das würde das Lesevergnügen nehmen.

Nun bietet sich an, die Halbschwester und den Bundesbauminister auftauchen zu lassen. Eine Verfolgungsjagd mit Schusswechsel durch das Hochmoor endet auf dem Hexentanzplatz. Dort kommt der Detektiv Breitfuss zu Tode.

Robert jagt nun dem Bundesbauminister nach, der in Richtung der halbfertigen Autobahnbrücke verschwindet. Dort wird der Höhepunkt der Story erreicht. Dabei kommt die Wahrheit ans Licht.

Seine Halbschwester hat seine Ehe zerstört. Diese Ehe war das, was ihm Sinn und Inhalt gab. Die Sinnlosigkeit seiner Existenz wird ihm deutlich. Er packt den Minister und stürzt mit ihm in die Tiefe.

Schreiben Sie kraftvoll, mutig, verwegen. Niemand ist da, der Sie reglementiert. Es ist ihre Welt, es sind ihre Figuren, es ist verdammt noch mal ihr Manuskript. Es liegt an ihnen, ob daraus was Gutes wird.

ÜBUNG 43

Welche Prämisse hat ihrer Meinung nach die gesamte Robert-Story? Welche Prämisse könnte die Halbschwester haben? Nehmen Sie einen Stift zur Hand und beginnen Sie das Ende dieser Geschichte mit Moblas zu strukturieren. Sie werden feststellen, wie das Ende des Spannungsbogens den Anfang des Romans beeinflusst. Dort müssen nämlich bereits die Dinge in Erscheinung treten, die dem Leser Stück für Stück das Dilemma aufzeigen. Dort sollte dem Leser bereits klar werden: Das geht nicht gut!

Irgendwann kommt es zum Zusammenprall der Protagonisten. Dort, im Anfang, liegen die Wurzeln ihrer spannungsgeladenen Story. Spannung kann man nicht einfach hinten auf einen müden Roman aufpfropfen.

## Regel 44 Verstrickung, Vernetzung, Verflechtung

Rückblenden in die Vergangenheit ihrer Figuren oder auch an den Beginn ihrer Story festigen eine Geschichte durch innere Verknüpfung. Das Geräusch eines platzenden Reifens, dass Sie am Anfang des ersten Kapitels beschrieben haben und das den Tod eines ihrer Figuren zur Folge hatte, kann später in ähnlicher Situation wiederholt werden. Sobald also wieder von Gummireifen die Rede sein wird, erwartet der Leser etwas Dramatisches.

## Regel 45 Die ersten 30 Seiten - Ihr Exposé

Den ersten Seiten eines Buches fällt größte Bedeutung zu. Wurde ihr Manuskript an dieser Stelle vernachlässigt, trifft das meist für den gesamten Text zu. Gerade deutsche Autoren zeigen hier großen Nachholbedarf.

Worte haben ungeheure Kraft. Diese Kraft muss in den ersten Seiten ihres Exposés in Erscheinung treten. Wenn die ersten Sätze den Leser erreichen, etwas in ihm in Schwingung versetzen, ihn anregen, weiter zu lesen, dann hat ihr ganzer Text eine Chance, gelesen zu werden.

Im englischsprachigen Raum nennt man soetwas Köder oder Haken (Hook). An diesem soll sich ihr Leser festbeißen. Achten Sie daher besonders auf den Anfang.

Schauen Sie sich ihre ersten Seiten genau an, nachdem Sie ihren Text einige Wochen haben reifen lassen. Natürlich ist ihr Text nicht gereift, obwohl das immer wieder in Schreibkursen gesagt wird. So ein Reifungsprozess funktioniert nur bei Bananen und anderen Dingen. Ihr Manuskript ist unverändert geblieben. Was jedoch gereift ist, das sind Sie als Autor. Selbst wenn Sie wochenlang nichts niedergeschrieben haben, ist ihr Unterbewusstsein mit ihrem Werk beschäftigt.

Jetzt überprüfen Sie ihre ersten dreißig Seiten auf überflüssigen Text? Diesen streichen Sie ersatzlos. Eine Zeichnung hat keine überflüssigen Linien, ein Flugzeug keine überflüssigen Flügel und ein Fisch keine überflüssigen Flossen.

Warum also sollte ihr Text so etwas haben.

"Autor, werde wesentlich!", kann man hier nur anfügen.

Die ersten Seiten eines Buches sind Ausschlag gebend (siehe Regel 45). Nicht wenig Leser entscheiden nach den ersten gelesenen Seiten im Buchladen, ob sie das Buch mitnehmen oder nicht.

Die meisten Verlage verlangen dreißig Seiten ihres Manuskriptes als Leseprobe. Das können die ersten dreißig Seiten sein, müssen es aber nicht. Es ist ihre Verkaufsveranstaltung Also bieten Sie ihre besten Textstellen auf.

Erinnern Sie sich an ihre Anfangsphase des Schreibens? Die holprigen Sätze haben ihnen vor Augen geführt, wie mühsam das Lesen oder Vorlesen ist. Sie haben unterdessen ihren Rhythmus, den Sie ihr Eigen nennen, gefunden. Und ihr Exposé, dass Sie an einen Verlag versandt haben, spiegelt das wider.

Ein Lektor, oder schlimmer, eine einfache Fachkraft liest die Manuskripte von unbekannten Schreibern und ist dabei stets auf der Suche nach Fehlern. Und dies nur, um einen Grund zu finden, es endlich aus der Hand legen zu können. Es gibt ja soviel weitere Manuskripte, denen man sich zu widmen hat.

Verwenden Sie eine Menge Zeit damit, einen Agenten oder einen Verlag zu finden, der für ihr Manuskript der richtige ist. Sie sollten sich im Klaren darüber sein, was ihnen selbst das Buchprojekt bisher an Geduld, Zeit und Mühe abverlangt hat und was es ihnen bedeutet.

Wollen Sie es unbedingt veröffentlichen, dann legen Sie größten Wert auf ihr Exposé. Grundsätzlich machen Sie nichts verkehrt, wenn Sie es in 12-Punkt-Schrift, linksbündig und mit anderthalbfachen Zeilenabstand mittels eines Laserdruckers gedruckt haben. Schauen Sie im Internet bei den jeweiligen Verlagen nach, die Sie anschreiben wollen. Hier finden Sie oft klare Vorgaben.

Welchem bekannten Buch ähnelt ihr Manuskript, womit kann es verglichen werden? In ihrem Anschreiben sollten Sie sich dazu äußern. Seien Sie bei der Auswahl sehr genau. Gehen Sie unbedingt in ihrem Anschreiben darauf ein und benennen Sie ihre Unterschiede.

Benennen Sie darüber hinaus immer ihr Genre und listen Sie ein paar Überschriften auf, die zu ihrem Manuskript passen könnten.

Versuchen Sie die Namen eines Lektors oder eines Agenten ausfindig zu machen. Versenden Sie dann ihr Manuskript als Einschreiben mit Rückantwort. So können Sie sicher sein, das es den Adressaten erreicht. Er hat also davon Kenntnis genommen. Darüber hinaus signalisiert es dem Empfänger, dass da jemand geschrieben hat, der von seiner Arbeit überzeugt ist, seine Arbeit ernst nimmt.

Ihre eigentliche Präsentation muss tadellos sein.

• Vermeiden Sie Fehler. Auf ihren ersten 30 Seiten dürfen absolut keine grammatikalischen Fehler auftauchen. Auch die Satzkonstruktionen müssen korrekt sein. Geben Sie es einer Deutschlehrerin zu lesen oder einem Bibliothekar.

• Vermeiden Sie das häufige Nennen eines Namens.

• Vermeiden Sie das zu häufige Nennen von "er" und "sie".

- Alliterationen sollten Sie sparsam verwenden. Das ist die Wiederkehr gleicher Anfangslaute bei aufeinander folgenden Wörtern. Beispiel: Stock und Stein, Land und Leute, hier und heute usw.
- Auch Fremdworte und Anglizismen sollten Sie sehr sparsam verwenden.
- Metaphern, also Bezeichnungsübertragungen zwischen ähnlichen Gegenständen oder Erscheinungen dürfen auch nicht überstrapaziert werden (z.B. das Gold seiner Haare).
- Analogien sind gute Bestandteile des Anfangs eines Exposés.
- Appositionen, also beschreibende Satzglieder bewusst verwenden. *Oskar, der stets übelgelaunte Polizist, hatte heute einen seiner besonders schlechten Tage. Da ging man ihm besser aus dem Weg. Der Neue tat es nicht.*
- Der Ort und die Zeit der Handlung sollte vorgestellt werden. Das ist unentbehrlich für den Leser. Denn er will wissen: Wo bin ich und zu welcher Zeit bin ich dort. Zeigen Sie dem Leser die Orte und Personen, bewerten Sie möglichst nicht.

*Es wehte wieder einer dieser heißen Wüstenwinde. An solchen Tagen kann alles Mögliche passieren. Wie bei Fred, der sich vor einigen Wochen vor den Zug warf.*

- Teilen Sie lange Sätze lieber in mehrere kleinere auf.

Das laute Vorlesen gilt gerade für die ersten Seiten. Geben Sie sich nicht so schnell zufrieden. Stellen Sie ihren Anfang immer wieder um, bis er ihrer Meinung nach nicht mehr verbessert werden kann.

Es gibt in etwa 9 grundverschiedene Möglichkeiten, einen Roman zu beginnen:

**1)** Stellen Sie etwas völlig Unerwartetes oder eine überraschende Situation an den Anfang. Beispiel: Ein Mann fällt ins Hafenbecken. Ein 12-jähriger Junge springt hinterher, um ihn zu retten.

**2)** Einführung einer einzigartigen Figur. Beispiele in der Literatur sind hier zahlreich. Lesen Sie hier noch mal die Übung 19B und überarbeiten Sie ihren selbst erstellten Text dazu.

**3)** Ziehen Sie den Leser in den Bann mit einem schockierenden oder einzigartigen Dialog.

**4)** Beginnen Sie mit einer klassischen Geschichte (Romeo und Julia).

**5)** Eine überwältigende, wunderbare Natur- oder Landschaftsbeschreibung, in der ihre Geschichte stattfindet, z.B. die Beschreibung von Freiburg in dem Roman Schilf von Juli Zeh.

**6)** Gefahr- oder Action-Szene. Dies ist bei Thrillern, Fantasy und Sex-Romanen sehr beliebt.

**7)** Eine direkt aufgeworfene Frage. *Claire war jetzt bereits 58 Jahre alt und Witwe. Kann man in diesem Alter nochmals von vorne beginnen, einen liebevollen Partner finden?* Diese Form der aufgeworfenen Fragen finden Sie in zahlreichen Zeitschriften und Magazinen. Sie sind stets verlockend.

**8)** Etwas wirft seinen Schatten voraus.

**9)** Eine Meinung, die eine Stimmung hervorruft oder ein Thema betrifft.

ÜBUNG 45A

Hier ein Anfang, den Sie sicherlich viel besser machen können. In welche Kategorie fällt er?

*Es war Liebe auf den ersten Blick. Nun ging Marianne das erste Mal mit ihm spazieren. Sie liebte seine klaren Augen und sein langes Fell. Ihr alter Retriever, mit dem sie sonst hier die Straße hinunter lief, lag seit einem Monat tief in ihrem Garten begraben. Er war von dem Rottweiler des Nachbarn totgebissen worden.*

*Als sie nun an dessen verwahrlostem Grundstück vorbeikam, zerrte ihr neuer Hund unruhig an der Leine. Aber diesmal war sie vorbereitet. Eine Wiederholung sollte es nicht geben. Sie griff in ihre Manteltasche und spürte die metallische Kälte ihres Revolvers.*

## ÜBUNG 45B

Sie wollen unbedingt mit Punkt 3, einem Dialog beginnen. Das ist eine besonders große Herausforderung. Wenn es sich nicht umgehen lässt, dann üben Sie an dem folgenden Dialog. Schreiben Sie ihn neu und formulieren Sie noch härter:

*"Wann und wo haben Sie diesen abgerissenen Arm gefunden?"*

*"Das habe ich doch schon alles gesagt."*

*"Ich will es aber noch mal hören."*

*"Er lag drüben bei den Garagen. Gefunden habe ich ihn heute früh, so um sechs Uhr."*

*"Was ist Ihnen daran aufgefallen?"*

*"Das, was einem Blinden aufgefallen wäre. Er hatte noch eine schwere Schlagkette in der Hand."*

*"Sie wissen also, dass es eine Schlagkette war?"*

*"Natürlich. Sieht man doch!"*

*"Haben Sie solch eine Kette schon mal gesehen?"*

*"Ob ich so etwas schon gesehen habe? Mann, wissen Sie, in welcher Gegend Sie hier sind? Alle haben hier Schlagketten und Messer und lauter solcher Sachen."*

*"Danke, das reicht mir vorerst. Kann aber sein, dass ich wieder auf Sie zukomme."*

*Der Beamte wandte sich schon wieder ab, als er zurückgehalten wurde.*

*"Etwas sollten Sie noch wissen."*

*"Und was, wenn ich fragen darf?"*

*"Der Arm gehört meinem bescheuerten Schwiegersohn."*

*"Woran wollen Sie das denn bemerkt haben?"*

*"Mann, an der Tätowierung natürlich."*

ÜBUNG 45C

Hier noch ein Anfang, den Sie sicherlich viel besser machen können. In welche Kategorie fällt er?

*Mit dreißig Kilometern in der Stunde fährt man in nur einem tiefen Atemzug an unserem Friedhof vorbei, und zwar auf der Landstraße, die Richtung Grenze führt. Die Parallelstraße, die entlang des Kindergartens und der Schulen verläuft, erlaubt fünfzig Kilometern in der Stunde und ist um einiges belebter. So haben die Toten ihre Ruhe und die Kinder ihren täglichen Nervenkitzel beim Überqueren der Straße.*

ÜBUNG 45D

Hier ein weiterer Anfang, den Sie bestimmt viel besser schreiben können. In welche Kategorie fällt er?

*Gewöhnliche Sklaven haben ihr eigenes Leben verwirkt. Nicht*

*nur ihre geschundenen Körper, auch ihre gebrochenen Seelen gehö-
ren einem anderen. Viele ertragen das ein Leben lang. Doch in
dem einen oder anderen versklavten Kopf schwelt ein alles be-
herrschender, abgrundtiefer Hass. Dieser kann die Quelle für
Verrat und Sabotage sein. Und ist der Wille zu einem freien Leben größer als die Angst vor dem eigenen, qualvollen Tod,
schreckt ein Sklave auch vor Mord nicht zurück.*

## Regel 46 Den fertigen Text lesen

Der Autor ist nicht der privilegierte Leser seines Pro-
duktes!

Trotzdem sollten Sie immer wieder ihren Text
durcharbeiten. Lesen Sie insbesondere ihre Dialoge
und Kapitelanfänge laut vor. Legen Sie den Text be-
denkenlos zwei Monate aus der Hand und schreiben
Sie an einem anderen Stoff weiter. Nach solch einem
zeitlichen Abstand werden Sie ihren Text mit „neuen"
Augen lesen und überarbeiten können.

Versuchen Sie einen Lesefluss zu erreichen und
streichen Sie rigoros.

Um ihren Text zu verbessern, benötigen Sie als Anfänger weitere Hilfe. Machen Sie z.B. einen Aushang
in ihrem Buchladen oder ihrer Bücherei und suchen
Sie so andere Personen, die gerne lesen oder vielleicht
auch schreiben und denen Sie ihren Text vorlegen
können. So mancher Schriftsteller hat auf diese Art
und Weise interessante Menschen kennen gelernt.

Einem Autor, der sein erstes Manuskript schreibt,
kann zudem nur geraten werden, es professionell lesen
zu lassen. Legen Sie ihr Manuskript anderen vor, die

a) fachlich Korrektur lesen können einschließlich NDR (NDR = neue deutsche Rechtschreibung),
b) inhaltlich die Fakten überprüfen oder
c) die bereits viel gelesen haben und sich damit qualifizieren.

Einem Autor fällt es schwer, das Produkt seiner Fantasie und monatelanger Arbeit in die Hände anderer zu geben. Das Misstrauen gewinnt oft die Oberhand. Springen Sie über ihren Schatten. Die Vorteile überwiegen.

Die Menschen in ihrer Umgebung sind ein starkes Korrektiv. Geben Sie daher ihren Freunden und Bekannten, ihren Verwandten, ihrem Partner oder ihrer Partnerin den fertigen Text zu lesen. Dies aber nur, wenn diese Bücherleser sind. Alles andere macht keinen Sinn.

Aber Arbeitskollegen sollten Sie nie berücksichtigen. Das kann sich sonst zu ihrem Nachteil entwickeln. Bemerkungen wie: "Kein Wunder, dass die ihren Job nicht mehr richtig macht. Die schreibt ja jetzt an einem Buch!", sind da eher noch von der harmlosen Art.

Nichtleser von Büchern heucheln ihnen Interesse vor. Sie wollen nur irgendwie ihre Neugierde befriedigen. Ignorieren Sie dies und konzentrieren Sie sich auf Menschen, die ihnen wirklich helfen können. Was Sie brauchen ist vor allem konstruktive Kritik.

Wenn Sie einen Krimi, z.B. mit einem Giftmord, fertig gestellt haben, dann scheuen Sie sich nicht, einen Arzt oder Apotheker zu fragen, ob er das mal lesen möchte. Legen Sie eine gute Flasche Wein dazu. Wenn Sie einen Science Fiktion geschrieben haben, machen Sie einen SF Club ausfindig und suchen Sie dort Kontakt.

Schreiben Sie an einem Liebesroman oder ist es gar ein Fantasy-Roman, dann finden Sie auch dafür passende Leser. Liegen ihnen dann eines Tages wirklich konstruktive Hinweise vor, entscheiden immer noch Sie, ob diese Eingang in ihr Werk finden.

Spätestens jetzt werden Sie gefordert, sich mit anderen abzusprechen. Setzen Sie sich mit jedem ihrer "Kritiker" zusammen. Diese Menschen sind eine kleine Auswahl der potentiellen Leser in diesem Land, die Sie ja schließlich erreichen wollen. Und diese haben sich die Zeit genommen, ihr Manuskript zu lesen. Versuchen Sie deren Äußerungen nachzuvollziehen. Fragen Sie nach, ob dieser Leser das Buch weiterempfehlen würde, nachdem die besprochenen Änderungen eingepflegt werden.

Sollte ihr erstes Buch verlegt werden, dann informieren Sie ihr "Team" und bedanken sich. Denn zu ihrem Erfolg haben alle etwas beigetragen.

Beim zweiten Manuskript wissen Sie, was zu tun ist. Ihr "Team" steht bereit.

### Regel 47 Textverarbeitung und Moblas

Wählen Sie ein Textverarbeitungsprogramm, das selbst große Datenmengen bewältigt und das über eine brauchbare Rechtschreibprüfung verfügt. Darüber hinaus sollte Software wenig kosten und stabil laufen, ohne überladen zu sein wie die Produkte aus Redmond.

Die Tabelle zu Regel 47 zeigt die erprobten Empfehlungen einiger Autoren.

Um Moblas (Regel 23) am Computer zu gestalten, ist das kostenlose und wirklich leicht zu bedienende Programm FREEMIND von Jörg Müller zu empfehlen.

Das Programm PAPYRUS hat sich in den letzten Jahren zu einem mehrfach ausgezeichneten Autorenwerkzeug gemausert. So ist es mittlerweile möglich, mithilfe des eingebauten Dudens eine vortreffliche

| Tabelle zu Regel 47 | | |
|---|---|---|
| Betriebssystem | Textverarbeitung | Moblas |
| Windows | Open Office | Freemind |
| | Papyrus 7 | |
| Linux | LaTex / Lyx | Freemind |
| | Open Office | |
| Apple-Mac | RagTime 6 | Freemind |
| | Papyrus 7 | |
| Solaris | Star Office (stable release) | - |

Rechtschreibprüfung durchzuführen und darüber hinaus auch die Lesbarkeit von Absätzen durch die Software bewerten zu lassen.

Um den Text nicht mühsam tippen zu müssen, Romane haben typischerweise zwischen fünfzig- und hunderttausend Worte, kann man das Programm NATURAL SPEAKING DRAGON verwenden. Damit kann nach kurzer Lernphase munter drauf losgeplappert werden. Überarbeitet wird aber dann nach dem herkömmlichen Procedere.

## Regel 48 Datei mit Versionsnummer

Überschreiben Sie nie eine vorhandene Datei! Geben Sie jeder Stufe ihres Arbeitsfortschritts eine Versionsnummer oder ein Datum und speichern Sie diese Datei immer auf ihrer Festplatte und zusätzlich auf einem USB-Stick ab. Den USB-Stick sollten Sie immer bei sich führen. Nichts wäre schlimmer, als ihren Text durch Diebstahl ihres Notebooks oder durch Headcrash ihrer Festplatte zu verlieren. Die weitere Speicherung gibt ihnen ein beruhigendes Gefühl. Alle paar Wochen ihren Text auf eine CD brennen beruhigt zusätzlich.

## Regel 49 Ihr Buchtitel

Der Titel eines Buches kann kaum überschätzt werden. Häufig anzutreffende Worte in Buchtiteln wie Liebe, Leben, Abenteuer, Mord, Schatten, Schrei,

Tod, usw. müssen Sie nicht verwenden. Vielleicht fällt gerade ihnen ein besonders treffender oder origineller Titel ein. Ob dieser auch später auf ihrem Buch steht, ist jedoch Sache des Verlages. Sie sollten daher immer ein halbes Dutzend Titel als Alternativen parat haben.

Den Titel eines Buches kann man nicht kopieren. Er muss einzigartig sein. Wenn Sie also ihr Buch unbedingt MAGMA nennen wollen, weil ein Vulkanologe ihre zentrale Figur ist, dann werden Sie Probleme mit dem Verlag KNAUR bekommen. Denn dieser Titel wurde schon vergeben. Hilfreich ist es, zunächst gründlich im Internet (buecher.de oder bol.de oder booklooker.de) zu recherchieren. Auch im Verzeichnis lieferbarer Bücher (VLB) sollten Sie ihren gewünschten Manuskripttitel nicht finden.

Für einen Kriegs-Thriller weckt der Titel DIE STAFFEL DES TODES oder DIE TODESSTAFFEL DES CABALLIERO CORTES mit Sicherheit Interesse. Der Leser kann erahnen, was auf ihn zukommt. Ein langweiliger Buchtitel wie z.B. DER LANGE BRIEF DES MARQUIS würde wahrscheinlich weniger Leser finden, es sei denn, der dazugehörige Klappentext weckt Interesse. Aber auch mutige Titel wie BEGRABT MEIN HERZ AN DER BIEGUNG DES FLUSSES oder DIE VERMESSUNG DER WELT oder NACH AFGHANISTAN KOMMT GOTT NUR ZUM WEINEN fanden hohen Absatz.

Der Titel UND GOTT SPRACH: WIR MÜSSEN REDEN! erzeugt sofort ein Schmunzeln und war sicher auch einer der Gründe, zum Bestseller zu werden. Wenn es ihnen gelingt, bereits in der Überschrift ein Bild zu erzeugen, spricht das für ihre Fähigkeiten als Autor (z.B.

SCHNEE DER AUF ZEDERN FÄLLT).
Der Titel ist das, was zuerst gelesen wird und was später in Listen diverser Zeitschriften und Buchläden und in Online-Shops geführt wird.

**Regel 50 Das Genre muss ganz klar sein**

Wenn Sie von ihrem Manuskript das ersten Mal erzählen, wird man Sie fragen, welches Genre Sie bedient haben. Sie können sich nicht darüber hinweg setzen. Sie sollten sich daher zunächst auf ihr Genre festlegen.

Passt ihr Roman in eine der folgenden Kategorien?

1. Kriminalroman
2. Spannungsroman / Thriller
3. Erotische Literatur
4. Fantasy-Roman
5. Liebesroman / Arztroman
6. Historischer Roman
7. Science Fiction
8. Biografie
9. Kinderbuch
10. Jugendbuch

Wenn Sie ein Kinderbuch geschrieben haben, werden Sie feststellen, dass es ein besonders schwieriges Genre darstellt. Es ist für ein Erstlingswerk kaum zu empfehlen.

Nur ganze wenige Autoren wie Klaus-Peter Wolf beherrschen die Technik, erfolgreich sowohl Kinderbücher, Jugendromane und Thriller, aber auch Drehbücher zu schreiben.

Das Genre ist aus mehreren Gründen wichtig: Jeder Verlag hat sich auf ein oder wenige Genre festgelegt. Welches ihnen bekannte Verlagshaus hat schon ähnliche Romane veröffentlicht? Ein Fantasy-Roman wird in einem auf Krimis spezialisierten Verlag naturgemäß auf geringes Interesse stoßen.

Legen Sie sich also fest und schauen Sie sich die Verlagsprogramme genau an, bevor Sie ihr Manuskript versenden.

Sie bewerben sich ja auch nicht als Konditor, wenn sie gelernter Fotograf sind.

## Regel 51 Die Auflösung

Die Auflösung in ihrem letzten Kapitel muss vorbereitet werden und darf nicht wie aus heiterem Himmel auftauchen. Also, wenn Sie ihr Ende schon kennen, dann gehen Sie rückwärts in ihrer Geschichte und durchweben Sie sie mit den Dingen, die am Ende Bedeutung haben. Der Leser wird das positiv aufnehmen, denn er liest von vorne nach hinten. Der Autor hat die Macht, es gerade umzudrehen.

Als Schriftsteller können Sie nach eigenem Gusto die Zeit verschieben, wenn es ihrer Story gut tut.

Haben Sie eine Figur entwickelt, nennen wir sie Viviane, die leidenschaftlich stiehlt, dann fangen Sie mit kleinen Delikten an (Armbanduhr), lassen Sie diese immer größer werden (Schmuckladen) bis Viviane dann, wenn das letzte Kapitel beginnt, den Diebstahl des als verschollen geglaubten Bernsteinzimmers (das Original natürlich) zum Höhepunkt ihres Romans werden lässt. Die Auflösung beinhaltet die Abrundung der zuvor festgelegten Prämissen.

Ihre Diebin hat die Prämisse: Wenn du handwerklich gut bist, kannst du alles stehlen und alle Türen stehen dir offen. Das führt zu Reichtum, Ansehen und Erfolg. Damit ergibt sich ihre Auflösung. Viviane wird am Ende das Bernsteinzimmer stehlen und verkaufen. Ihre Prämisse hat sich erfüllt. Das wäre nicht so, wenn ihre Prämisse anders lauten würde.

## Regel 52 Schreibblockade

Dieses Wort hört man immer wieder, wenn man mit Autoren und solchen, die es werden wollen, spricht. Was ist damit gemeint? Die Angst vor dem weißen Blatt Papier, das Versiegen von schöpferischem Fluss, Mutlosigkeit und die Angst davor, nicht gut genug zu sein.

Befreien Sie sich von solchen Gedanken. Vielleicht steckt nur die fehlende Kenntnis der Regeln, die ein Buchprojekt braucht, dahinter.

Meist ist es jedoch so, dass ihre Figuren nicht "lebendig" genug sind. Sie sind es deshalb nicht, weil Sie sie nicht genug kennen.

Erst wenn sie ihnen so vertraut sind wie ihr bester Freund, dann gehört das Wort Schreibblockade in die Liste ihrer persönlichen Unworte. Daher fällt der Regel 12 oberste Bedeutung zu.

Anspannung und Entspannung sind für uns so nötig wie Sauerstoff. Für Anspannung ist fast immer gesorgt. Achten Sie darauf, dass auch Entspannung in ihrem Tagesablauf enthalten ist, d.h. keine oder nur leise Musik, sonst nichts. Spazieren gehen, Schwimmen, Yoga und Meditation sind kraftvolle Übungen, um seine Mitte zu finden. Mögliche Blockaden können dann leichter überwunden werden.

Genießen Sie es, mit sich allein zu sein. Allein sein ist eine große Kraftquelle für das Schreiben. Ihre Aufmerksamkeit steigt. Das spiegelt sich in ihren Texten wider, denn diese entstehen in ihrem Inneren. Wenn dort anderes überlagert ist, hören Sie sich nicht mehr richtig und der Schreibfluss versiegt.

Wahre Kunst und Poesie kommen immer aus dem Unbewussten.

Stecken Sie mitten in ihrer Story fest, dann wenden Sie folgenden Trick an: Denken Sie zunächst an das Nahe liegende, an das, was schon da ist, und erst dann an das, was noch fehlt. Welche Möglichkeiten offeriert das Nahe liegende. Arbeiten Sie auch hier mit Moblas.

Steckt also eine ihrer Figuren fest, dann überlegen Sie, über was diese Person verfügt. Wie könnte sie einer prekären Lage entkommen oder vor einem seelischen Abgrund reagieren? Über welche Fähigkeiten verfügt ihre Figur?

## ÜBUNG 52A

Ihre Hauptfigur, ein Pfarrer, ist entführt worden. Der Mann steckt in einem Stahlkorsett in einer Höhle, die droht, von Wasser überflutet zu werden. Zu regelmäßigen Zeiten kommt einer der Entführer.

Was kann der Geistliche machen? Welche Möglichkeiten können Sie ihm eröffnen? Arbeiten Sie mit Moblas und bewerten Sie ihre Lösungen. Geben Sie dem Opfer zunächst einen Namen und dann einen Lebenslauf. Liegt darin vielleicht schon die Lösung? Beginnen Sie die Geschichte mit:

*Es regnete schon seit Tagen in Strömen. Die Tropfen fielen nahe der Laterne auf einen Wallnussbaum, dessen Laub das Wasser mit tosendem Beifall empfing. Das Regenwasser durchdrang das Erdreich, füllte jede Pore des dunklen Bodens und versickerte schließlich in den tieferen Schichten aus porösem Gestein. Hier unten gab es eine schmale Spalte, die sich einige Meter weiter zu einer Höhle vergrößerte. Dort saß leise weinend und in knöcheltiefem Wasser ein verzweifelter Mann. ...*

## ÜBUNG 52B

Ihre Hauptfigur, ein Waschlappen von einem Mann, wird von seiner Frau ständig betrogen. Sie nimmt ihn nicht ernst, zeigt ihm sogar Bilder von ihren Eskapaden. Der Mann beginnt daran zu zerbrechen, kann sich aber von der Liebe seines Lebens nicht trennen. Sie denkt nicht daran, ihren Lebenswandel zu ändern. Ihre Abenteuer sind wie Sauerstoff für sie. Die Geschichte steckt fest und Sie wissen nicht, wie dieser Knoten zu lösen ist. Geben Sie dem Ehemann, dessen Lebenslauf Sie kennen, zunächst eine Prämisse.

Denken Sie immer zunächst an das Nahe liegende, an das, was schon da ist, und erst dann an das, was noch fehlt. Ist ihre Figur z.B. Elektriker, kann er dieses Wissen zum Beispiel wunderbar für den Mord an seiner Frau nutzen.

Beginnen Sie nun die Geschichte mit:

*Es regnete schon seit Tagen in Strömen. Die Tropfen fielen nahe der Laterne auf einen Wallnussbaum, dessen Laub das Wasser mit tosendem Beifall empfing. Darunter stand der VW-Bus. Er wusste, was seine Frau dort unten trieb. ...*

## Regel 53 Vermeiden bestimmter Dinge

Vermeiden Sie gestelzte Sprache, ideologisch besetzte Worte, Heuchelei und aufgesetzte Gefühle. Ihre Sprache muss klar sein, denn dann sind es ihre Gedanken auch und der Leser wird sich gerne auf ihre Geschichte einlassen.

Sätze wie: *Sie verbrachten einen wunderschönen Vormittag miteinander* sollten in keinem ihrer Kapitel zu finden sein. Was machte diesen Vormittag so wunderschön? Beschreiben Sie Details. Das lässt die inneren Bilder beim Leser entstehen, macht sie schärfer, klarer, greifbarer, verbindlicher. Ihre Landschaft und ihre Figuren werden plastischer. Zeigen Sie, was schön war. Gehen Sie also immer auf Details ein (siehe Regel 13).

Verwenden Sie Verben, denn die sorgen für Dynamik. Vermeiden Sie dabei Wörter wie stehen, machen, laufen usw., denn diese sind nicht präzise genug. Folgendes Beispiel führt dies vor Augen:

*Es war schon spät in der Nacht, als er ein Klopfen hörte. Er ging zur Tür und machte sie zögerlich auf. Im schwachen Licht des Treppenhauses stand eine dralle, junge Frau im Bademantel, die sehr nervös wirkte.*

Ersetzen wir nun die folgenden drei Verben und formulieren neu. Dabei entsteht sofort ein besserer Text.

ging ... schlich

machte auf ... öffnete
stand nervös ... wartete + wippte

*Spät in der Nacht weckte ihn ein Klopfen. Er schlich lautlos
zur Wohnungstür, drückte die Klinke herunter und öffnete zögerlich. Die dralle, junge Frau, die da im funzeligem Licht des
Treppenhauses wartete, hatte sich nur einen Bademantel überge-
worfen und wippte nervös von einem Bein aufs andere.*

Ihr Text gewinnt, wenn Sie statische Verben gegen
dynamische ersetzen. Der obige Text könnte in einem
Polizeibericht stehen, der untere nicht. Vermeiden Sie
den Berichtsstil.

Seien Sie sich in jedem Abschnitt ihres Manuskriptes
darüber im klaren, was die Figuren denken, was sie
fühlen, was sie tasten, hören, riechen oder schmecken
und warum sie gerade so handeln und nicht anders.
Das bringt die Figuren ihren Lesern näher. Achten Sie
beim Redigieren darauf.

Umgehen Sie Wortwiederholungen. Benutzen Sie
Synonyme. Oft findet man bei Anfängern eine ständige Wiederholung des Namens ihres Protagonisten.
Das ist kaum lesbar und muss umgeschrieben werden.
Vermeiden Sie auch komplizierte Erklärungen (Zeigen, nicht verraten), Produktnamen und zu viele Protagonisten.

Ihrem Genre sollten Sie unbedingt treu bleiben.
Kein Lektor akzeptiert hier einen Wechsel.

## Regel 54 Immer mutig schreiben

Schreiben Sie mutig. Seien Sie furchtlos. An den Furchtlosen und Sanftmütigen wird sich der Leser geistig anlehnen, wird ihnen die Treue halten.

Eine mutige Erzählstimme schafft Vertrauen und verbindet den Leser mit dem Autor. Dann kauft er auch ihr zweites Buch.

Schlimmer als schlecht zu schreiben ist mutlos zu schreiben.

## Regel 55 Das Ende eines Buchprojekts

An dieser Stelle sollte ihnen mittlerweile klar geworden sein, wie ein Roman auszusehen hat. Sind Sie den Regeln gefolgt, dann haben Sie zu Anfang zunächst ihre Geschichte mit Moblas grob skizziert, um anschließend ihre Figuren zu entwickeln, ihnen Leben einzuhauchen und ihren Charakter offen zu legen. Dann haben Sie weiter am Plot gefeilt bis schließlich die ganze Story ins Rollen kam.

Romananfänge sind, wie Sie selbst oft genug festgestellt haben, eine relativ einfache Sache. Ein Anfang enthält aber immer eine Vielzahl möglicher Wege und damit auch Enden. "Bei einem neuen Buchprojekt weiß man nie, wie es endet! " sagte schon Gernot Geise. "Ein Schluss ist darum viel schwieriger zu schreiben!" ergänzt Jakob Hein. Man muss sich schließlich für einen entscheiden.

Wie gestaltet man denn nun den richtigen Abschluss einer Story?

Das Ende eines Romans entsteht immer als Konsequenz der Geschichte und ist deren Höhepunkt. Die Protagonisten prallen hier unweigerlich aufeinander.

Alle in einem Roman aufgeworfenen, wesentlichen Fragen müssen am Ende beantwortet werden. Tun Sie dies nicht, fühlt sich der Leser nicht ernst genommen und empfiehlt ihr Buch nicht weiter. Hier erwartet er zu Recht die Auflösung der Krise und die Antworten auf alle wichtigen Fragen.

Alles wird am Ende auf die Spitze getrieben. In kaum einem Buch ist dies besser gelungen als in King Kong, wenn der große Affe auf das Hochhaus klettert. Es muss zu einer endgültigen Entscheidung kommen. Alle Verstrickungen der bis dahin erzählten Geschichte werden wie der Gordische Knoten gelöst. Der Spannungsbogen schließt sich, während die finale Aktion Klärung in die Handlungen bringt.

Manchmal ist es sinnvoll, daran noch ein Abschlusskapitel zu hängen. Hier kann man die Geschichte sanft ausgleiten lassen. Aber auch ein Samenkorn für einen Fortsetzungsroman kann man hier pflanzen. Oder aber auch den Erfolg ihrer Protagonisten aufzeigen. Dieses Kapitel kann auch als Epilog gesetzt werden.

ÜBUNG 55A

Kramen Sie mindestens drei gute Romane hervor, die Sie gelesen haben. Nehmen Sie sich jeweils das letzte Kapitel vor, in der sich der Spannungsbogen schließt. Manchmal gibt es danach noch ein Kapitel, das die Story ausgleiten lässt. Das ist hier nicht gemeint. Dann beantworten Sie für jedes Buch folgende Fragen:

a) Welche Figuren stoßen unweigerlich aufeinander?

b) Welches Paar findet zusammen und welche Figur kommt ums Leben, welche überlebt?

c) Welche Fragen werden beantwortet bzw. welche Erklärungen werden abgegeben und welche Prämissen werden erfüllt?

d) Wie hat der Autor die Story zum Ende hin verdichtet (Wortwahl, Satzbau, Erzählgeschwindigkeit)?

e) Wie ist es dem Autor gelungen, die Story bis zuletzt für undurchschaubar zu halten?

ÜBUNG 55B

Wählen Sie ein ihnen bekanntes Buch aus, dessen Ende Sie beim Lesen enttäuscht hatte, und lesen Sie das letzte Siebtel erneut, und zwar gründlich, Wort für Wort. Welches Ende hätten Sie gewählt? Skizzieren sie die Antwort oben auf ein DIN-A3-Blatt. Dann skizzieren sie darunter das Konzept eines Schlusses, das ihnen besser gefallen hätte. Nutzen sie dabei Moblas.

Wenn sie Spaß daran haben, ersetzen sie nun das letzte Siebtel mit ihrem Text.

Wenn sie anfangen, die Meister mit ihrem eigenen Stil zu verändern, haben sie das Niveau erreicht, selbst ein erfolgreicher Schriftsteller zu werden.

## Regel 56 Klappentext und Lesung

Sie haben nun sämtliche oben genannten Regeln in ihren Schreibprozess einfließen lassen und das Manuskript ist fertig. Was nun? Wollen Sie Verlage anschreiben oder sind Sie noch unsicher?

Sie haben immer die Möglichkeit, ihr Erstlingswerk selbst zu verlegen. Verzichten Sie dabei auch noch auf eine ISBN-Nummer und verkaufen die Bücher selbst, wird garantiert niemand ihr Buch bewerten. Sie haben dadurch nicht nur die alleinige Kontrolle über ihren Vertriebsweg, sondern können mit ihren Lesern direkt in Kontakt treten. Dies ist eine sanfte Form des Einstiegs in den Büchermarkt, der ernsthaft berücksichtigt werden sollte.

Aber ihr Roman ist nicht zu toppen und verlangt nach einer landesweiten Veröffentlichung, dann sollten Sie sich fragen, ob Sie robust genug gegen die endlosen Absagen der Verlage in ihrem Briefkasten sind. Finden Sie doch einen Verleger und liegt das Buch spater den Rezensenten vor, müssen Sie mit schmerzhaften Kritiken rechnen, die ihnen dann womöglich um die Ohren fliegen. Keiner hat das besser formuliert wie Peter Scholl-Latour.

Spruch 56

*Aber wer mit Kritik nicht leben kann,*
*sollte das Schreiben sein lassen.*

*Peter Scholl-Latour*

Die Bedeutung des Klappentextes kann nicht überschätzt werden. Hier sollte der Leser Appetit bekommen. Der Gruß aus ihrer Schreib-Küche muss den Lesehunger wecken, aber auch dem Interessenten klar machen, worum es geht (Genre). Im Anhang finden sie eine umfangreiche Auflistung real existierender Klappentextfragmente. Aufgrund ihrer Erfahrungen werden die meisten Verlage diesen jedoch selbständig verfassen.

Stellen Sie sich vor, ihr Buch liegt bereits im Buchladen und man erwartet von ihnen eine Lesung vor etwa 20 Leuten. Das kann in einem Museum sein, in einer Kneipe, in einem Waschsalon, vor einer Schulklasse oder in ihrer Stadtbibliothek.

Welchen Abschnitt wollen Sie lesen? Üben Sie diesen zuhause. Haben Sie eine gute, langsame und deutliche Vorlesestimme? Kann ein Bekannter für Sie lesen? Hat eine Freundin eine bessere Aussprache?

Wie erfährt man von ihrer Lesung? Haben Sie ausreichend Bücher für den Verkauf dabei? Bei einer Lesung in einem Buchladen brauchen Sie sich natürlich darum nicht zu sorgen.


Spruch 56

*Alles Schöpferische ist unvoraussehbar.*

*Karl Jaspers*

## Alle Regeln in einer Kurzübersicht

R 1  Notizen machen, schreiben und strukturieren
R 2  Lebendig schreiben
R 3  Schreiben und keine Zeit verlieren
R 4  Angemessene Sprache verwenden
R 5  Schreiben, wovon man überzeugt ist
R 6  Bleiben Sie sich treu, denn Text ist Spiegelbild
R 7  Heiler, Krieger, Lehrer und Seher entwickeln
R 8  Finden Sie ihren Erzählrythmus
R 9  Fragen stellen
R10  Zeigen, nicht verraten!
R11  Schauplätze und Orte dem Leser nahebringen
R12  Gestalten Sie ihre Figuren lebendig und greifbar
R13  Details beschreiben, unterscheidbar werden
R14  Bringen Sie Licht in die Dunkelheit der Story
R15  Das erste Kapitel muss den Leser packen
R16  Straffes Erzähltempo aufrecht erhalten
R17  Schreiben Sie regelmäßig. Dies ist auch Training
R18  Versuchen Sie so gut wie möglich zu schreiben
R19  Szenen sollten in sich abgeschlossen sein
R20  Figur und Gegenspieler bilden das Spielfeld
R21  Machen Sie häufigen Gebrauch ihrer Löschtaste
R22  Richtige Textproportion gibt Gewicht
R23  Arbeiten Sie mit Moblas
R24  Kennen Sie die Charaktere ihrer Figuren?
R25  Beachten Sie die richtige Verwendung der Zeit
R26  Welche Kernaussagen haben ihre Figuren?
R27  Prüfen Sie die Kernaussagen der Figuren
R28  Kennen Sie die zehn Elemente ihrer Story?

R29 Sind Dilemma und Konflikt erkennbar und echt?

R30 Stimmt die Fließgeschwindigkeit?

R31 Beschreiben Sie Angst und Angriff ihrer Figuren

R32 Einer Ihrer Figuren ändert sich, findet zu sich

R33 Sprechen Sie alle Sinne des Lesers an

R34 Lesen und verbessern Sie ihre Dialoge

R35 Im letzte Siebtel geht es auf den Zenit Ihrer Story

R36 Sind Ihre Rückblenden an der richtigen Stelle

R37 Ist Ihr Text verständlich und authentisch?

R38 Mit Gedichten innere poetische Quelle erwecken

R39 Schreiben Sie fantasievoll

R40 Erzeugt Ihr Text Bilder beim Leser?

R41 Gute Recherche zahlt sich aus, immer!

R42 Wollen Sie humorvoll schreiben?

R43 Arbeiten Sie am Spannungsbogen

R44 Vernetzen Sie den Text von vorne bis hinten

R45 Prüfen Sie immer wieder Ihre ersten 30 Seiten

R46 Lassen Sie Ihren Text immer wieder lesen

R47 Beherrschen Sie ihre Textverarbeitung?

R48 Speichern Sie Texte mit Versionsnummern

R49 Finden Sie einen treffenden Klappentext

R50 Ist das Genre ganz klar erkennbar?

R51 Beantworten Sie am Ende die wichtigen Fragen

R52 Schreibblockade! Was ist das?

R53 Viele aktive Verben und keine Ungereimtheiten

R54 Schreiben Sie immer mutig. Es ist Ihr Werk

R55 Beenden Sie ihr Buch kraftvoll

R56 Verkauf dein Werk professionell

**Anhang:**

## (1) Ab wann ist man eigentlich Autor?

Wenn Sie der Meinung sind, Autor zu sein, sind Sie einer. Ihr Buch ist halt nur noch nicht veröffentlicht. Lassen Sie sich Visitenkarten drucken. Das hilft Ihnen das eine oder andere Mal als Türöffner. Darüber hinaus teilt es ihrem Unterbewusstsein mit: Du bist Autor!

Übrigens: Die wenigsten Autoren können von dem leben, was ihre Schreiberei einbringt. Machen Sie sich da keine übertriebene Hoffnung. Aber Geld sollte nie alleinige Antriebsfeder sein. Sie haben ja einen richtig guten Grund zu schreiben (siehe Regel 5).

## (2) Ihr Manuskript ist nun fertig. Was jetzt?

Ein Buch an den Mann oder an die Frau zu bringen ist mit Mühsal verbunden und bedarf eines starken Charakters. Schon Schiller schrieb: *"Die Zerstreuung eines Buches durch die Welt ist ein fast ebenso schwieriges Werk als die Verfertigung desselben."*

Die meisten Verlage nennen im Internet ihre Anforderung an ein Exposé (Regel 45). Das sind meist 10- bis 30-Seiter, die ihre beste Textstelle beinhalten sollte. Halten Sie sich unbedingt an die Vorgaben für Zeilenabstand und Zeilenanzahl. Wenn Sie es sich leisten können versenden Sie immer das komplette Manuskript. Legen Sie Rückporto bei, für den Fall, das es nicht angenommen wird.

Sollten Sie keinerlei Vorgaben finden, machen Sie nichts verkehrt, wenn Sie ihr Exposé in einer Standardschrift (z.B. Courier) in 11 oder 12 Punkt Größe mit anderthalbfachen Abstand und in schwarz ausdrucken. Die Seite sollte nicht mehr als 30 Zeilen haben. Vermeiden Sie die Einstellung Blocksatz und unterdrücken Sie die automatische Worttrennung ihres Text-Programms.

**(3) Checkliste** Ihres Manuskriptes zur Weitergabe an Freunde und Bekannte (Ja-Antworten sind bevorzugt)

1. Haben die Seiten genug Platz für Korrekturen?
2. Ist der ausgewählte Leser überhaupt an Büchern interessiert und kann er einen qualifizierten Beitrag leisten?
3. Sind Sie innerlich auf Kritik vorbereitet?
4. Wären Sie bereit, Kapitel zu ergänzen, umzuschmeißen oder gar zu löschen?
5. Welche Schwachstellen haben Sie bereits selbst entdeckt?
6. Wurden Ihre Leser mit ihren Figuren vertraut. Sind Ihre Figuren für ihn begreifbar?
7. Konnten die Korrekturleser dabei helfen, einen treffenden Klappentext zu erstellen?
8. Konnten die Korrekturleser einen passenden Titel benennen?
9. Haben die Korrekturleser Ähnlichkeiten und Parallelen zu anderen Autoren festgestellt?

**(4) Checkliste** Ihres Manuskriptes vor Weitergabe an Verlage (Ja-Antworten sind bevorzugt)

1. Sind die ersten dreißig Seiten super (oder die dreißig zusammenhängenden Seiten, die Sie ausgewählt haben)?
2. Sind die ersten dreißig Seiten auf neue deutsche Rechtschreibung hin geprüft?
3. Kennen Sie das Verlagsprogramm?
4. Weckt das Anschreiben Interesse?
5. Erklären Sie dort auch, worum es in ihrer Geschichte geht?
6. Nehmen Sie Bezug auf Bücher mit ähnlicher Thematik, die bereits von diesem Verlag veröffentlicht wurden?
7. Haben Sie einen Ansprechpartner?
8. Haben Sie auf selbst gemachte Titelbilder und anderen Spökes verzichtet?
9. Sind Sie innerlich bereit für Kritik?
10. Haben Sie nur wenige Verlage oder Agenten zur gleichen Zeit angeschrieben?

**(5) Checkliste** Ihres Manuskriptes vor Veröffentlichung bei einem Selbstverlag wie Books on Demand (bod.de oder verlage.net). Die Kosten liegen bei etwa 50 bis 1500 Euro je nach Umfang ihres Anspruchs. Das ist beileibe eine gute Möglichkeit. Viele Erstautoren haben dort bereits Karriere gemacht oder Literaturpreise gewonnen. In einem Fall wurde das Buch sogar verfilmt.

1. Sind alle Seiten auf neue deutsche Rechtschreibung (NDR) hin geprüft? BoD kann das gegen Kostenerstattung auch für Sie machen.
2. Wecken Titel und Untertitel Interesse?
3. Weckt der Klappentext Interesse an ihrem Buch? Ist er treffend geschrieben? (siehe Anhang: Fragmente für Klappentexte)
4. Unter welchem Namen wollen Sie das Buch veröffentlichen. Ein Pseudonym ist meist von Vorteil.
5. Haben Sie das Manuskript ins pdf-Format übertragen und danach nochmals gründlich durchgesehen?
6. Wurde das Titelbild professionell gestaltet? Ihr Titelbild können Sie in einem Fotoladen professionell überarbeiten lassen. Die können das besser als Sie. Und hilfreiche Ideen haben diese Leute meist auch.
7. Haben Sie klare Vorstellung von der Buchgestaltung (Buchformat, Einband, Papier, Farbe)?
8. Wissen Sie schon, welchem Buchladen Sie dieses Buch anbieten wollen und sind Sie grundsätzlich bereit, dort Lesungen zu halten?
9. Haben Sie vor, dem Buch einen weiteren Band hinzuzufügen und hat das Buch Bedeutung in einem übergeordneten Konzept?

Soll Ihr Buch professionell werden, dann missachten Sie auf keinen Fall die Regeln 44 bis 46.

Wird Ihr erstes Buch ein Erfolg, wird es mit dem zweiten leichter.

### (6) Ein paar Fakten

Der deutsche Wortschatz beträgt 75.000 Worte. Ein Deutscher redet im Leben im Durchschnitt 461.782.349 Worte. 25.000 Worte sind ca. 100 Buchseiten. Ein Erstlingswerk wird üblicherweise 50 bis 500 mal verkauft. Ab 5.000 Exemplaren sind Sie Bestseller in Deutschland. Pro verkauftem Taschenbuch erhält der Autor ca. 0,30 €. Bei einem gebundenen Buch kann es das Vierfache sein.

### (7) Literatur

- Handbuch für Erstautoren; Wie ich mein Manuskript anbiete und den richtigen Verlag finde; Manfred Plinke; Autorenhaus-Verlag
- Grundlagen und Techniken der Schreibkunst; Handbuch für Schriftsteller, Redakteure und angehende Autoren; Otto Schumann; Gondrom Verlag
- Literarisches Schreiben; Lajos Egri, AutorenhausVerlag
- Die Macht der inneren Bilder; Gerald Hüther; Vandenhoeck & Ruprecht
- Miteinander Reden; Friedemann Schulz von Thun; Rowohlt Taschenbuch Verlag
- Fragetechnik; Vera F. Birkenbihl; mvg-Verlag
- Der Hund, die Möhre, der Samowar und das Fischerboot; Dina Glouberman; Piper-Verlag
- The first five pages: Noah Lukeman; Fireside; Simon and Schuster, New York
- Schreib den verd... Roman!: St. Waldscheidt; Die simple Kunst, einen Bestseller zu verfassen. Ein Anti-Ratgeber, uschtrin
- Die Lust zu schreiben; Brenda Ueland; Zweitausendeins-Verlag
- Grundformen der Angst; Fritz Riemann; Eine tiefenpsychologische Studie; Ernst Reinhardt Verlag München

- Phantasielösungen; Thomas M. Scheerer; cmz-Verlag
- Besser Schreiben; Aurel Gergey; 42 Tipps, wie Sie mit gutem Ausdruck Eindruck machen; Bibliografische Informationen; ISSN 1660-4482-01

## (8) Internet

Eine kleine Auswahl...

- www.bod.de
- www.montsegur-autorenforum.de
- www.federflut.de
- www.gergey.com
- www.lyrikwelt.de
- www.bluetenleser.de
- www.42erautoren.de
- www.andreaseschbach.de/schreiben
- www.interview.de
- www.uschtrin.de

**(9) Fragmente für ihren Klappentext**

Der Autorin ist es gelungen, die Hauptschlagader der Erzählkunst anzuzapfen…Geschmeidig wie eine Gruppe Schneeleoparden kommen Satz für Satz daher, beschreiben die Personen, das Land und die Gedanken der einsamen, empfindsamen und gleichzeitig lebensmutigen Protagonisten in der nordischen Weite Lapplands …Durchwebt mit einer besonderen Art geerdeter Poesie, die das Leben und dessen Abgründe kennt, schlüpft man mithinein in diese wunderbare Liebesgeschichte …Das Buch entwickelt die Spannung eines Thrillers, ohne jedoch an literarischer Qualität zu verlieren…Virtuos bedient sie die Partitur der Schreibkunst…Ein unterhaltsamer, bestens geschriebener Roman…Ein aufregendes, hinreißendes Buch voller grotesker Dramatik…In einer klaren, nuancierten Sprache gelingt es der Autorin eine hoch aufgeladene Atmosphäre zu schaffen…in einem brandenburgischen Dorf geschehen wundersame Dinge…Spektakuläre Ermittlungen führen den Protagonisten auf eine geradezu unglaubliche Spur…voll alptraumartiger, sprachlicher Intensität…Eine erschütternde, ergreifende Story, die auf wahren Begebenheiten basiert…Kenntnisreich und kraftvoll durchdringt der Autor die einsamen Seelen einer Großstadt…Geistreich, lakonisch und mit feinen Zwischentönen schwebt man hinein in einen Urwald und seine Menschen…was als harmloses Abenteuer beginnt verdichtet sich zu einer spannenden, atemberaubenden Story…eine erschreckende, ungeheuerliche Familiengeschichte…voller wunderbarer Sprachbilder öffnet sich dem Leser eine einzigartige Welt aus Wüstenstaub und Leidenschaft …Dem Autor gelingt die Überwindung literarischer Schwerkraft…als seine Partnerin aus seinem Leben verschwindet, geschieht etwas Sonderbares…wunderbar hinterhältige Sätze…ein raffiniert konstruierter Plot…furiose Literatur der Gegenwart…schonungslos, unerbittlich gnadenlos, messerscharf und bitterböse…zurück in ihrer bayerischen Heimat wird sie mit ihren Jugendfehlern konfrontiert…kontaktgestörter, lebensmüder Protagonist sucht Halt in seinem Leben und die Nähe zu Marianne…ohnmächtig muss er zusehen, wie sein Leben aus den Fugen gerät…eine kunstvoll verdichtete Sprache…ein melancholisches, ergreifendes Buch…glasklare, unverschnörkelte Sprache…atemberaubende Offenbarungen und eine verwickelte Geschichte…ein unbedachter Moment leidenschaftlicher Hingabe führt zur Katastrophe ihres Lebens…alles erscheint zunächst ein-

fach und selbstverständlich, bis Martin in ihrem Leben auftaucht...ein Lehrstück über die Suche nach der Wahrheit...ner-
venaufreibend, ungeschönt und unvergesslich...Der Protagonist
sucht seine Bestimmung, flieht vor der Verantwortung und gerät
dabei in einen Strudel unersättlicher Gier...Eine falsche Identität
und ein Haufen Geld führt den Protagonisten geradewegs ins
Verderben...Der Protagonist verwaltet seinen grauen Alltag wie
ein Beamter seine Ablage. Doch dann erscheint die Frau fürs Leben...die Desorientierung der feinen Gesellschaft hinter sich lassend auf der Suche nach den wahren Werten lernt sie einen Bildhauer kennen...ihre Liebe scheitert an dem alltäglichen Leben...Einen scheinheiligen Lebensentwurf hinter sich lassend
fährt sie nach Rom...ein Spagat zwischen Schein und Sein führt
in die Abgründe der menschlichen Seele...mit großer Hingabe
und Liebe zum Detail entwickelt sich ein riskantes Spiel ...Ein
Haus voll verlogener Geborgenheit, bei der niemand weiß, auf
welcher Seite er steht...es bleibt die Hoffnung auf Verände-
rung...es fehlt ihm an Einsicht und es fehlt an Vertrauen. Daran
scheint sie zu zerbrechen...gerade, als er beginnt, die jahrelange
Einsamkeit zu überwinden, holt ihn die Vergangenheit ein...hart-
näckig verweigert sie sich Mann und Glück...ein fein gesponne-
ner Lobgesang auf die Liebe und das Leben...niemals wirken die
Figuren leblos...spritzige Dialoge, amüsante Erlebnisse und mittendrin Marianne...amüsantes Zeitgeschehen...Mit tollkühnem
Mut stürzen die Protagonisten durch die Geschichte bis zum furiosen Finale...Dinge und Ereignisse wandeln und verwandeln sich
ständig...Mit einem hellwachen Gefühl im Kopf legt man das
Buch nicht mehr zur Seite...Von Moral, Menschlichkeit und
Mutterliebe und deren verherenden Folgen...Vor dem Panorama
einer rauhen, abweisenden Landschaft finden zwei Menschen zueinander, die sich sonst nie begegnet wären...während sie verzweifelt versucht, ihre Vergangenheit hinter sich zu lassen...mit
leidenschaftlicher Überzeugungskraft gelingt es dem Autor, eine
durch und durch spannende Liebesgeschichte zu erzählen...Sina
gelangt in einen Strudel leidenschaftlicher Hingabe, bis die Abgründe der perversen Sehnsüchte sie ins Verderben ziehen...Nähe und Geborgenheit sind ihm unbekannt...Der Hass
breitet sich aus und beginnt die Familie zu zerstören...Als es ums
nackte Überleben geht, beginnt Marianne über sich selbst hinaus
zu wachsen...der Autor entfaltet eine mitreißende Saga der wohl-
habenden Familien...Ein rebellisches Buch voll unvernünftiger

Entscheidungen und herrlichen Charakteren…einfach atemberaubend, wie die Autorin die Handlung vorantreibt und die Spannung bis zum dramatischen Höhepunkt immer weiter steigert…er entdeckt ein Geheimnis, dass er nie entdecken sollte…Äußerst lebendige Charaktere, witzig, weise und wahrhaftig…Es kann sein, dass sie weiter ins Flugzeug steigen, wenn sie dieses Buch gelesen haben, aber es wird sicherlich nicht mehr so sein wie zuvor…Er ist nur ein kleiner Gauner. Doch das Schicksal hatte mehr mit ihm vor…Superb erzählt der Autor den Weg eines Strauchelnden hinein in die Welt der Liebe…Erst der Verlust ihrer Freundin offenbart die abgründigen Intrigen, denen sie jahrelang aufgesessen war…leichtfüßig und tiefsinnig zugleich…mit einer für sie neuen Zivilcourage beginnt sie, ihr Leben selbst in die Hand zu nehmen…mit Besessenheit beginnt er, Rachepläne zu schmieden, ohne zu ahnen, dass nichts so ist wie es scheint…ein bestialischer Mörder folgt ihr auf Schritt und Tritt. Doch dessen grauenvoller Auftraggeber überläßt nichts dem Zufall…am Ende eines banalen Streits erfährt er zufällig von seiner wahren Identität. Nun hat er endlich ein Ziel…Wer steckt hinter diesen mysteriösen Vorgängen. Zufall kann es nicht sein…wütend zurückgelassen in einem weit abgelegenen Haus beginnt sie zu trinken, bis der Hass in ihr unerträglich wird. Eine ergreifende Story von unerfüllter Liebe und einsamen Herzen…erst Jahre nach ihrer Scheidung erfährt sie die Wahrheit über ihren Ex und ist plötzlich mittendrin in einem packenden Abenteuer, indem nicht nur ihr sonst so freundlicher Apotheker eine grausame Rolle spielt…Die Bootstour mit seiner Frau wird zum Alptraum, doch ihm wird dadurch klar, was er all die Jahre erdulden musste…die Spur führt ihn nach Finnland, dem Land ihres verstorbenen Mannes und seiner unbekannten Mörder…Riskante Geschäfte und ein Wodka zuviel werfen ihn für immer aus der Bahn. Nur mithilfe der enthusiastischen Eleonore findet er zurück in sein bürgerliches Leben…ein charismatischer Gelegenheitsdieb wird erst ihr Ehemann und dann ihr Alptraum…der Polizei gelingt es nicht, ihn ausfindig zu machen. Doch der Zufall spielt ihr die Hintergründe über die Geschehnisse des letzten Jahres zu…Ihre Augen konnte er nie vergessen. Doch als er wegen ihr jahrelang einsaß, machte sich der Hass in ihm breit…Als ihr nächtlicher Anruf ihn aus dem Schlaf reisst, hatte er eigentlich schon mit ihr gebrochen. Er hätte den Hörer nie abnehmen sollen, aber er tat es…ein unaussprechlicher Akt der Gewalt hebt ihre Welt für immer aus den Angeln…Ihre Vorahnun-

gen verfolgen sie mit immer stärkerer Intensität. Als ihre bösen
Träume Wirklichkeit werden, flieht sie zu ihrem Bruder in die
Schweizer Berge…Sina sucht ihren vermissten Freund. Als sie ihn
findet, ist er ein anderer Mensch. Was hat ihn so verändert?…Sie
fährt ans Ende der Welt, doch die Alpträume sind mit im Ge-
päck…Sie glaubt nicht an Fügung und Schicksal, bis ihr ein unbe-
kannter ein merkwürdiges Geschäft vorschlägt…als Schuhputzer,
minderjährig und elternlos, war er an die Mentalität der Menschen und das Leben auf den Straßen dieser grausamen und abweisenden Stadt gewöhnt, bis plötzlich ein Überraschungsfund
sein Leben völlig verändert…Die Autorin läßt den Leser eintau-
chen in farbenfrohe Bilderwelten einer unbeschwerten Freundschaft, die letztlich an der Liebe zu Marianne zerbricht…inspi-
riert durch ihre lebensfrohe Schwester sucht sie ihr Glück, findet
aber nur gierige Lust und unaufrichtige Gefühle. Erst als sie beginnt, ihr eigenes Leben zu leben, scheinen sich ihre Träume zu
erfüllen…spirituell, aufregend, erhellend, sinnsuchend und vor allem mutig schreibt die Autorin…eine geheimnisvolle, mystische
Reise weckt ihre Gefühle für das eigene Geschlecht…sie lebte immer irgendwo zwischen Himmel und Erde, bis entlarvende Fotos
ihres Mannes sie in die Realität zurück katapultieren…ein genia-
ler Wissenschaftler und eine geniale Idee sind der Grund für mys-
teriöse Totesfälle in Stralsund. Nur eine Kommissarin wie sie
kann diesen Fall lösen. Aber sie sitzt mit einem Gipsbein in den
schweizer Bergen fest…ein skandalöses Abenteuer voller Hinge-
bung und Leidenschaft …Ein ärztliches Atest machte ihn von
heute auf morgen zu einem Todeskanditaten, für den es keine
Hilfe mehr gibt. Ein Krankenhaus in Prag hat eine Therapie entwickelt, die ihm helfen kann. Doch seine Frau versucht dies um
jeden Preis zu verhindern…desillusioniert von der Welt lebt er zurückgezogen in der Eifel, bis eines Tages eine junge Frau auftaucht und ihn um Hilfe bittet…Ihr Mann führt ein Doppelleben,
genau wie sie. Als er durch Zufall dahinter kommt, ist ihr Leben
in Gefahr…bewußtseinserweiternd und humorig geschieben…der
Autor haucht seinen Protagonisten das pralle Leben ein…mit einer geschmeidigen Sprache wird der Leser in einen reißenden
Fluss menschlicher Tragödien entführt…ein kluger und zeitkriti-
scher Roman aus der Sichtweise einer verlassenen Frau…einst
Gefangener des machtbesessenen Offiziers Buskomar und dabei
fast zu Tode gekommen spürt er ihn Jahre nach dem Bürgerkrieg
auf. Immer noch beherrschen Rache und Hass seine Pläne…vor

dem Hintergrund sozialer und religiöser Unruhe entwirft der Autor ein schillerndes Bild der damaligen Zeit…temperamentvoll springt sie in sein Leben. Ein beeindruckendes Buch, das unter die Haut geht…unbarmherzig wie ein Platzregen taucht eine Frau bei ihm auf, die behauptet, mit ihm verwandt zu sein…mit sarkastisch-brillanter Sprache wird der Leser in die Welt des Diamantenschmuggels entführt…Der Autor porträtiert in einer meisterlich klaren Sprache…Ein verblüffend schonungsloses Bild einer Jugend im Exil…Ein Traum bringt ihm eine wichtige Botschaft. Und es ist fast zu spät, als er sie richtig deutet…Er begibt sich auf die Spur der Verbrecher und in ein Abenteuer, das ihm fast den Verstand raubt…Sehnsuchtsvoll und in einem merkwürdigen Schwebezustand des Seins dringt der Leser in eine nahezu unglaubliche Zauberwelt ein…auf einer wahren Begebenheit beruhend wird von der kämpfenden und todesmutigen Heldin erzählt, die nur ihren Traum realisieren wollte…wie das Auftauen tiefgefrorener Träume erscheint der Roman surreal, intensiv und einzigartig…eine verbotene Liebe und der Anfang eines rasanten Abenteuers im Großstadtdschungel von Berlin…Nach Jahrzehnten des Schweigens erfährt ihr Sohn seine wahre Identität und auf einmal ist nichts mehr so wie es war…lebenspralles Buch nicht ohne Scharfblick und Feingefühl… Ihr ist nicht zu helfen. Als Hendrik es doch versucht, beginnt er alles zu verlieren…Blutrote Fledermäuse und ein schwarzer Mönch rechnen mit denen ab, die sich ins Schloss verirren. Sarah ist eine von ihnen… emotional bis skandalös… im Schwebezustand zwischen Wunsch und Wirklichkeit…erfrischend schnörkellos…schräg, bizarr und bissig …eine neue Liebe bringt ihren Kosmos ins wanken…mit leidenschaftlichem Erzählstil…turbolent, lebendig und pointiert…das Porträt einer glanzvollen Epoche…Anekdotenreich und provokant…grenzenlose Bewunderung zu Rick, einem Rockstar, führt Laura in die Abgründe sexueller Hörigkeit… Rauhe Sitten, schnelle Motorrädeer und ganze Männer. Das ist die Welt der 17-jährigen Tanja, die ohne Mutter aufwuchs…Nur ein magischer Trank und ein unfehlbarer Dolch stehen ihr im Kampf gegen das Böse zur Verfügung…als sie sich aus der jahrelangen Umklammerung ihres Mannes befreit, beginnt Hoffnung auf ein besseres Leben in ihr zu keimen… Die Hintergründe ihres Verschwindens wurden nie geklärt. Doch Michael will dies ändern…Sie lebt erst wenige Monate im Hochschwarzwald, da erfährt sie schon von einem dunklen Familiengeheimnis…kaum auf Island gelandet, entwickeln sich die Dinge überraschend anders…Tief in Islands Mythen eingedrungen erlebet Miriam ene Liebe zwischen Traum und Wirklichkeit…Starke Figuren, große Gefühle und schicksalhaften Verstrickungen vor gewaltiger Naturkulisse…Ein tiefgründiges Buch, das aufrütteln und bewußt machen will…. Der Autor bewegt sich in poetischen Resonanzsphären imaginärer Traumwelten…Gesellschaftskritisch, tiefsinnig und manchmal melancholisch…Aus der Finanzwelt ausgeschieden beginnt er, sich mit den Schicksalen seiner Kunden zu beschäftigen…autobiographisch und in einem mitreißenden Erzählstil…ein aufrührendes Buch über ein wildes und auch gebrochenes Leben…Unvergesslich und liebevoll bis ins Detail …Ein rundum gelungenes Erstlingswerk…

## (10) Schriftsteller, Versuch einer Definition

Schriftsteller, S c h r i f t s t e l l e r. Was für ein blödes Wort. Solch ein Mensch stellt keine Schrift, sondern arbeitet mit Worten, mit geschriebenen Worten.

Worte, die sich auf wunderbare Weise arrangieren. Und zwar so, das sie etwas mitteilen, übertragen, weitergeben, um den vom Alltag gestreßten Menschen zu unterhalten, dessen Geist anzuregen, ihn zu entfülhen, ihn teilhaben zu lassen an etwas Einzigartigem, Fremden.
Daher wäre der Begriff Wortsteller oder gar Wortpflücker treffender.
Ein solch schreibender Mensch pflückt Worte aus einer Spähre, die nur ihm zugänglich erscheint. Und dies macht den Beruf so wundervoll astronautisch. Er ist somit ein Spährenwanderer, der doch nur Reiseberichte verfasst.
Ein Sammler, wie man dies allenthalben hört, ist er hingegen gewiss nicht, denn dieser findet.
Ein Wortpflücker jedoch erfindet.
Aber machen gepflückte Worte denn schon einen guten Text? Nein, denn dieser bedarf feuriger Hingabe, um geformt, um vollendet zu werden. Es sind ja schließlich Sätze, die wir der  Reihe nach inhalieren wie literarische Rauch-

wölkchen, die ordentlich aufgereiht am Satzbaufaden darauf
warten, nach und nach von uns geistig erobert zu werden.
So wird also nach dem Wortpflücken das Satzmodellie-
ren nötig. Damit wird deutlich, das Schriftsteller kein einfacher, sondern ein doppelter Beruf ist, Wortpflücker und
Satzmodellierer zugleich.
Als hätten wir das nicht schon immer geahnt.

## Fundsache

Flugzeuge bauen ist für mich dasselbe

wie Geschichten erfinden!

Marcel Dassault (1892–1986)

französischer Luftfahrtunternehmer

## Zum Schluss

Wer das Ziel kennt, kann entscheiden;

wer entscheidet, findet Ruhe,

wer Ruhe findet, ist sicher;

wer sicher ist, kann überlegen;

wer überlegt, kann verbessern.

Konfuzius (551-479 v.Chr.)

chinesischer Philosoph

*Wer also sein Ziel kennt, kann schreiben. Und wer meine eMail-Adresse kennt, kann
mir etwas schreiben: ulrich.nexus @ web.de*

**ÜBUNG 11E**  Liste der Orte in der Jugend...........

_____

_____

_____

_____

_____

_____

_____

_____

_____

_____

Notizen..................